在疤痕印記中
找到真實的自己

陽光基金會發起人陳明里的生命故事

陳明里 著

陳明里獲選國際青商會第三十一屆十大傑出青年「社會服務類」（1993）

陳明里全家福

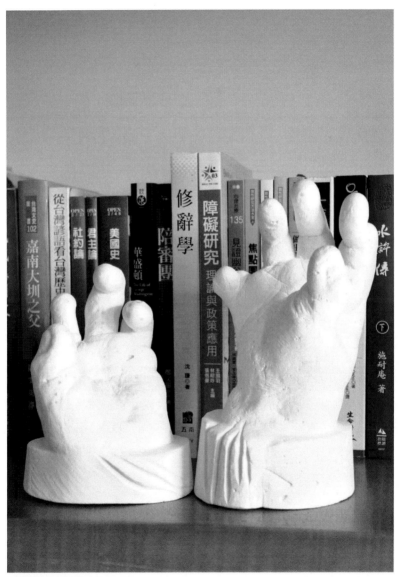

陳明里左右手手膜（2014）

陳明里演講於臺東海端國小（2013）

陳明里演講於澎湖鳥嶼國小（2015）

陳明里演講於澎湖鳥嶼國小（2015）

陳明里攝影作品集

專注（2004/10/17攝於威廉斯堡　維吉尼亞）

八煙聚落風情（2014/9/27攝於陽明山）

城市鳥巢之美（2015/1/24攝於臺北萬華）

清晨與夜晚（2015/4/27攝於中國浙江烏鎮西柵）

荷花之美（2015/7/5攝於臺北華山）　　（2015/7/8攝於臺北植物園）

蓮花池（2013/7/15攝於景美人權文化園區）

推薦序／我看到了生命之美

　　陽光基金會創始人阿里，因工作意外，造成顏面損傷，剛開始社區居民一看到都會受到驚嚇而排斥，阿里不但勇敢站出來，而且，成立專責為顏面損傷者服務的陽光基金會，令大家感動。

　　他自稱是台灣最醜的男人，其實，他雖然遭遇不少挫折與障礙，他始終堅持永不放棄，活著就有希望的精神，發揮高度堅忍毅力，彰顯人性最美的一面。將所有負面的遭遇，轉化成為正面的力量，真的，從阿里的表現，我看到了生命之美。

　　我在擔任台北市政府社會局局長時，曾應邀參加國際青商會十大傑出青年選拔審查時，就與當時台大陳校長一起評定他入選。

　　如今，阿里出版新書，《在疤痕印記中找到真實的自己——陽光基金會發起人陳明里的生命故事》，真是很開心，因為，我深信阿里的生命故事一定對所有因為工安、公安、交安和其他各種事故造成顏面傷殘者和其家屬有參考價值。

　　　　　　　　　　　　白秀雄（臺北市政府前副市長、

　　　　　　　　　　　　　　臺灣社會福利聯盟前理事長）

推薦序／勇敢面對自己，勇敢向天要生存

　　第一次見到阿里一定會被他的兩種特質所吸引；一個是臉、脖子以及雙手攣縮的疤痕，另一個是爽朗有自信的笑聲。相處一段時間之後，你會漸漸忘記他身上的疤痕，卻對他陽光般的自信留下深深的記憶。

　　其實，這兩個特質在一定程度上是互相衝突的！

　　是怎樣的歷程，可以在這兩個違和衝突中間共存轉變，或許可以在這本書——《在疤痕印記中找到真實的自己——陽光基金會發起人陳明里的生命故事》找到答案。

　　燒燙傷在醫療上是一個很特殊的疾病，度過急性期之後，綿長的復健過程與無數次的開刀矯治，加上身體形象嚴重改變所帶來的心理創傷，生理的疼痛加上心理的壓力，社會異樣眼光與歧視的環境，都會讓傷友們面臨重重的考驗。

　　阿里這本書，可以讓傷友們在如地獄般環境的哭喊中找到一個溫暖的依靠和指引方向的依歸，從他血淚般的生命奮鬥裡，鼓勵大家勇敢面對自己，勇敢向天要生存，向社會爭取權利。

　　這不是一段簡單的過程，阿里做到了；不只是他個人，同時他也讓整個社會對於障礙者的平權對待往前跨進，作為一個醫者與社會局長，看著這本書時，心裡是滿滿的感謝。

特別在八仙粉塵爆事件之後，藉由阿里的書，提醒我們要更周全的面對障礙者的需求，同時也要跟所有的傷者說：「一起加油，我們都在！」

許立民（臺北市政府社會局局長）

推薦序／追尋生命的最佳典範

　　跟阿里兄認識，是在大約一九九四年「道德重整協會」發起「乾淨選舉救台灣」運動時的一個聚會場合。

　　當年，我的高中老師劉仁洲介紹我們認識時，內心無比的震撼，坦白說：我根本無法直視阿里，「慘不忍睹」是我現在唯一說得出口的形容詞，但當時的第一印象是「他長得太可怕了」。

　　受到驚嚇後，劉老師又再一次介紹並讓我們雙手握了手，那是一幕永難忘懷的畫面。

　　就這樣，一位「生命希望之子」影像深植腦海。

　　2008年，擔任「公民監督國會聯盟」執行長以來，每當需要更多勇氣來對抗邪惡時，很自然地想起明里兄。於是邀請他加入了監督與評鑑立委行列，他豪不猶豫、一口氣允諾；當我還沈浸在快樂當中，與他首次的合作卻害慘了他。

　　當時因為秘書處作業疏忽，在立委評鑑時，卻忘了把邱毅「簽署承諾書」的分數計算進去，導致邱毅的總分落到最後一名，我們第一次在社運合作，明里兄陪著我去跟邱毅賠罪道歉外，而他也因為擔任小組召集人，還被邱毅一狀告上法院。出庭當天，社運界浩浩蕩蕩聲援，沒料到開庭只開了三分鐘，邱毅就決定當庭撤銷告訴。

2014年九合一選舉，很多公民團體在紀政女士號召下成立「公民顧問團」、投入臺北市長柯文哲的輔選行列。我所策劃的公民行動，再度邀請明里兄擔任無障礙議題組代表。柯P當選後，明里兄加入「台北市公民參與委員會」，近來又參與我正在籌組的「台灣公民參與協會」，他都是義無反顧全力支持。

　　從明里兄身上，讓我看到了「生命」的奇蹟與強韌。不管是面對燒燙傷後的重建艱難之路，或者是艱困的改革之路，他不曾退縮，反而樂觀聲援、幫助社運同盟增添薪火；看看他、想想自己，促使我積極投入改革行動。

　　之前，明里兄送我一本著作《阿里疤疤》，文中毫不避諱暢談全身38%重度灼傷重建之路，明里兄從第一次在鏡中看到自己全毀臉孔的崩潰，手臉皮膚長了又長、不斷冒出來的水泡，到後來勇敢走過26次大大小小手術的顏面重建之路，至今講來依舊讓人不忍。

　　跟他熟識後，曾建議可以再版；新北八仙粉塵爆炸後，深覺這本書的重要。當我欣聞本書要再版，我期待人人都能閱讀這本充滿勵志與溫暖的書，因為這是追尋生命最佳典範的故事。

　　　　何宗勳（台灣公民參與協會籌備會主任委員、
　　關懷生命協會執行長、台灣陪審團協會副理事長、
　公民監督國會聯盟前執行長、台灣環保聯盟前秘書長）

推薦序／這個醜男人有顆最美、最寬廣的心

阿里的故事有多重解讀。

當阿里自嘲是「阿里疤疤」、「台灣最醜的男人」時，阿里已經走出燒燙傷帶給他的創傷，留在他身上的已不再是難看的疤痕，而是光榮的記號，可以鼓勵更多傷友未來的希望。

阿里的受傷是一個勞動者職業安全保障不足的結構性問題，當雇主是國民黨事業體更凸顯台灣當時政治經濟結構的不平等共謀體制，阿里個人求償的過程就是他政治意識覺醒的歷程。

因此，阿里的故事不只是一個燒燙傷友的自立故事，更是台灣解嚴後障礙者挺身而出為自身發聲的故事，正因為他身為勞動者與障礙者的勞動權益爭取歷程催生了這位台灣身心障礙者運動領導者。

從個人到集體，從行動到結構改變，阿里的故事見證了台灣解嚴後身心障礙者主體性的發展。這不只是他的故事，更是這個時代障礙者的故事。

王增勇（政大社工所副教授）

推薦序／給陳明里

　　總有人在命運捉弄下遭火吻，倉皇失措中，能，求告誰人？

　　這一位，他名陳明里。

　　經過火，他已成明燈。

　　他明白最好的治療，他知道怎樣比較能抵抗疼痛，他了解法律的保護路徑，他也可以告訴你，艱辛的未來會如何向火後的人生逼迫。

　　最痛的一本書，最難走的生命之路。

　　陳明里都教導、指引經過火攻之人行往穩、靜與平和。

愛亞（散文家）

推薦序／認識阿里是我的福報

　　第一次見到明里，是二十多年前我在中廣主持的「二至六現場節目」，由文教記者邀約，他代表陽光文教基金會來錄音間現場接受訪問。

　　在那之前，剛進入新聞圈的我，從來沒有這麼近距離地仔細觀察一張遍布疤痕、破碎殘缺的臉，心中之震撼與波濤起伏，可想而知。

　　當他用平靜又幽默的語調，敘述他如何歷經廿餘年次手術，才有這樣的一張面孔；而當他鼓起勇氣去看電影，被售票小姐驚呼：「有鬼！有鬼！」時，我再也忍不住激動落淚。

　　我憐惜、我難過、我不忍、我在想：我可以幫他什麼？

　　有一次，他應邀參加一場扶輪社的活動，我與他愉快交談時，冷不防，看見一位富貴優雅的扶輪社友夫人經過，她驚恐害怕、不可置信的表情深深地傷了我的心，但我也知道，她與當年的電影院售票小姐一樣，並非故意，只是她們不了解、沒有這方面的知識，更沒有心理準備。

　　這個經驗，給了我一個靈感，太多太多人，不知道社會上有這麼一群陽光之友，不知道在他們破碎殘缺的面容下，隱藏著一顆又一顆渴望友情、盼見陽光的心。於是我在我當時主持的台

視「早安你好」晨間新聞中，策畫採訪了一系列「認識他、接納他」的專題報導，提醒閱聽大眾，社會上有許多因為意外、遺傳、生病、而外貌與我們不同的人，請先認識他們，有了相關知識與心理準備後，就可以用你的笑容與話語，鼓勵他們，而再也不要因為自己的無知，用一個不經意的眼神與表情，傷害了他們。

這個系列報導推出後，受到很大的迴響，甚至為我得到一座電視教育文化節目主持人金鐘獎，所以，我必須說，陳明里是我的貴人。表面上看來，似乎是我在幫他，其實一直以來，是他在「渡」我。得獎是其次，最重要的，他引領我進入關懷弱勢團體的領域，在他身上，我更看到一個堅毅的人，如何用他的轉念與行動，改變命運帶給他的試鍊。

二十多年來，我們其實秉持著君子之交淡如水的方式互動，沒有刻意的噓寒問暖，沒有固定的聚會聊天（這裡也要小小抗議一下，居然結婚都沒通知一聲），但是只要有需要協助的地方，我們都會想到對方。

這次明里的出書過程，我在因緣際會下，也稍稍扮演觸媒的角色。感恩九歌出版社的蔡文甫先生，我在主持金鼎獎的場合遇到他，他是當屆終身成就獎的得主，熱心公益的他，一聽到是這麼能發人深省、鼓勵人心向上的故事，就一口答應；接下來負責督導編務的素芳，更是義氣十足的扛起一切，還哀怨地說她老早就認識明里，為何這位害羞的大男生，會為弱勢族群用力發聲，卻不好意思直接與她連繫。

總之，這本書不但是陳明里的個人故事，其實他也提供了我們，在面對人生各種變化球時，應有的沉著與積極。

打開這本書，敞開你的心，相信，你會有豐碩的收穫！

葉樹姍

（本文作者葉樹姍女士曾任多家廣播電視重要媒體主播，
時任大愛電視台主播）

推薦序／不一樣的先生

因在《殘障聯盟》工作關係與明里相識，進而發展相戀，結婚共組家庭，生育教養一對子女。他外表與一般人不一樣，但卻有很多吸引我之處，一時若要說，還真說不完呢！

「爸爸，諸葛孔明用的計謀名稱是什麼？」，「爸爸，成語『剛愎自用』是什麼意思？」，「爸爸，這台語要怎麼說？……」一連串的提問，卻難不倒這位幽默風趣的老爸。

吃過晚餐後，一對兒女圍著他爸爸一起觀賞電視，討論劇情，或者是完成學校當日的功課與作業，這一幕家庭生活，在別人眼裡是自然而平凡不過的事了，對我們而言，卻是分外的珍惜與感動。

自認識他以來，看他投入台灣的社會福利運動如急先鋒般，為跟自己一樣的身心障礙朋友爭取權益與福利，不遺餘力到幾乎捨身忘我之境地。

不推辭無給職角色，投入心力服務所居住的社區，擔任七屆主任委員及二屆副主任委員職務，不懼公共事務煩瑣纏身，積極爭取地方公共建設與事務，如增設路燈、瓦斯管線埋設、高壓電纜線地下化、小型公車交通運輸、學童專車定時接送、闢建人行步道、召集住民一起綠美化認養種植台灣欒樹、樟樹、南洋杉，

督導秘書函文向農業局申請臺灣櫸木、肖楠、印度紫檀等樹苗，那分精力讓我這個為人妻子的「正常人」，看在眼裡、打從心裡只有「佩服」二字形容。

只要談及社會福利與公共政策，他那神采奕奕、聲若宏鐘、鏗鏘有力的大嗓門，就像年輕小伙子一般勇猛有氣勢，與他那頭白髮蒼蒼的外表相較，簡直是天壤之別。

在工作上他堅守著信念、核心價值、願景，在家庭照顧上對兒女疼愛有加，不用我擔心或操心生活。他教我做菜、到市場選菜買菜，甚至於，讓我有機會完成三年的大學學業築夢。

夜晚當小孩甜蜜入睡，他用那不方便的「怪手」，一字又一字的敲擊電腦鍵盤，進行寫作功課。電腦就像是一台時光機一樣，帶他重新走一次當初受傷及療傷止痛的過程，並且記錄他在社福的奮鬥史。望之，時若有所思；聽之，時若有所悟。從他的表情上，可以看到各種滋味點滴在心頭激盪迴旋。

某日，填寫一份資料時，我隨口問了一句：「我們這一里是什麼里?」大兒子大聲且自豪的說：「我們是陳明里啊！」。

幸福是什麼?我想這就是我們要的幸福。

陳淑女（陳明里先生的夫人）

推薦序／陽光再現

　　人稱阿里的浴火鳳凰生命鬥士陳明里離開《陽光基金會》之後，轉換跑道在《行無礙協會》從事推動無障礙環境及倡議政策。

　　不幸的公安事件，二〇一五年六月二十七日新北市八仙樂園粉塵爆（彩色派對活動）造成五〇五人受傷嚴重災難！

　　衛生福利部統計，截至12月3日10時止，計有25人繼續留院治療，其中2人在加護病房，1人病危，15人死亡。

　　阿里再度拋頭露面四處奔波，接受各界諮詢請益或採訪報導，如何面對此災變的衝擊，如何在不完美中看見自己的價值，鼓勵八仙燒燙傷患者浴火重生，安慰家屬親友要有信心、不要放棄；勸戒要聽從專業醫生的治療，不可聽信偏方，病危亂了方寸。

　　誠如阿里最近在臉書說：「人受傷了多少會留下部分大小不同程度的疤痕印記，真要完好如初並且具有彈性是妄想的事，這處境難如天上摘星、緣木求魚！受傷者，沒有悲觀的權利及逃避的空間；復健者，要有吃苦當作吃補的勇氣與決志之心。」「後續中、重傷者即將視其治療期程痊癒出院，並留下又厚又堅硬的

疤痕，且準備開始重建復健事宜，也就是要安排出院計畫，積極的手術暨重建計畫，個別差異的物理治療，職能治療，穿戴壓力衣，壓迫性面模、各式副木輔具，以及心理治療、支持團體等一系列的漫長重建之路，可想而知這莫名的壓力絕非輕鬆之舉。」

回想一九八〇年當年，基督教勵友中心主辦和天主教耕莘寫作班與三四五基金會等團體協辦，共同搶搭國際殘障年尾聲，在台北許昌街YMCA發起陽光慈善行動茶會的場景依然歷歷在目，阿里和另外幾位怕見陽光朋友們受邀響應勇敢踏入人群的步伐，開啟了這世代最黑暗也是最光輝的歷史新頁，縱然這期間幾番朝野政黨輪替世局變遷。但是，在阿里前一版的《阿里疤疤》一書中留下了許多值得懷念的事蹟，令人慶幸欣慰！

陽光慈善行動茶會之後在輔仁大學的第一場」象人」義演晚會，當電視記者新聞採訪鎂光燈照向阿里的時候，他不由自主地轉身迴避的當時，對照現今頂著台灣最醜的男人名號在國內外趴趴走並且侃侃而談的他，真是天壤之別判若兩人！

生命自有他的出路，阿里浴火重生的典範，激勵許多劫後餘生，告別陰影迎向陽光者，雖然數年前陽光基金會成立30週年官網曾載記：「成立至今，陽光得以在台灣社會成為一個專為顏損或燒傷者服務的公益品牌，應該特別感謝草創階段所有來自社會各界人士的支持與奉獻，其中包括了顏面損傷朋友沈曉亞女士、黃小卿女士、韓珍異女士、吳河銘先生（歿）、陳明里先生、社團領導者蔡元火先生、整型外科林秋華醫師暨五位前董事長吳東權先生、李文女士、方慶榮先生、馬長生、黃春長先生、前董事孫妙雪女士、陳昱瑞醫師、謝才智先生、現任董事林麗英女士、

監察人陳俊良先生等。此外對於更廣大的、在幕後默默奉獻著心力的社會大眾，陽光同樣對大家寄予最深摯的感謝與銘記在心。……」但是，我要說阿里最是功不可沒!

此刻欣見陽光再現──阿里疤疤自傳要改以電子書方式出版，身為提供住家客廳臨時作為陽光籌備會辦公場所，並且陪伴阿里半年之久的革命夥伴家庭陳俊良、吳秀英與有榮焉，特此致賀。

陳俊良（陽光、伊甸創會發起人、常務董事）
吳秀英（陳妻、前金甌女中老師）

自序／在書寫中找回自己

　　我追尋真實的生命，以及真實的愛與生活，作為新希望的原動力。

　　有人說：「貧者因書而富；富者因書而貴。」我說：「傷者，因閱讀而治療；因寫書而痊癒。」老子言：「道可道，非常道。」我說：「書可讀；讀非常書。」

　　寫書，是一種自我療傷止痛的歷程。字裡行間很平實紀錄，不悲情哀怨，不低吟訴苦，不煽情言語，不包裝修飾，更沒有訴諸同情，賺取讀者熱淚，這是很不一樣的真實感受，由您自己來同理嚐味。

　　收拾自卑與自憐的念頭，化傷痛為再出發的力量，以冷靜的心迎接意外的人生。

　　傷者將出世闖關，內心承載著苦難，沒有人能完全體會天人交戰與苦悶相對，或許有些躊躇、膽怯，或許有些許失落、寂寞，或許有心靈默禱、祈福交疊，心中有為何淪落至此的茫然若失交錯撞擊！

　　間或有無言以對、欲言又止的凝視動念，間或夾雜著千言萬語的親情鼓舞、溫暖、牽掛、以及歉疚交錯，或許有好友的祝福

與叮嚀相隨，或許尋求宗教的洗滌與常伴駐守以求安心，這般空靈起伏與悲喜轉折、忐忑不安是為新生活中的姿態。

慶幸活著真好，卻又瞬間相望於江湖的無奈、宿命時起！

要特別感謝一路帶領、提攜我入行的陳俊良兄、吳秀英姊、孫妙雪老師、吳董事長東權等，曾經情義相投的好伙伴們，社會福利界的老師前輩與實務工作者，身心障礙福利界的兄弟姊妹與團體伙伴，作古的劉姊（俠）開路者，以及媽媽、家人的照顧，長期支持與鼓勵，還有同聲相應，同氣相求的社運工作好伙伴們。謝謝您！

人生有夢；築夢踏實。人間有情；情義相挺。

陳明里

目次
Contents

第一篇 浴火重生，我的蛻變之路

大峽谷之戀

陳明里　1992冬雪遊大峽谷

亙古的綿延
伴隨著科羅拉多河的婀娜
天地的弔詭
在物換星移中緩緩蓮步
看那　涓滴弱水來穿腸
風化切蝕自成形
那層層疊疊的塊壘
款擺生命的無常　喜悅
頑強　柔韌

訴諸形體的奧妙　冰冷
悲涼　氣壯
夕陽用火紅的容顏傾訴
冬雪粉妝寄語大地春回
空留佇足的遊子齊吟唱
以靜者恆靜　動者恆動的旋律
永駐款款深情的丘壑
填滿不可思議的視野

1 走過煉獄

我經歷一場「職業災害」，在生離死別邊緣掙扎，在痛苦與期望中度過漫漫長夜，靠著意志力與毅力倖存活下來！

有些人忍受不了壓力與一時挫折，動不動就要鬧自殺走絕路，有些人卻要與生命拔河。為何不想一想，活著就有希望。

二十公尺的生命關卡

這意外發生得太突然了，也太快了，我根本不知道現場情況，也來不及反應逃避，更不知如何敘述災難的恐怖驚天一爆。

這是個寒冬的早晨，天空迷迷濛濛的，有些小雨絲絲飄下，滲透著些許的涼意。我穿著半筒式短馬靴、厚厚的棉質長褲、水藍色的短工作衣衫及長袖制服夾克，整個身子裹得胖胖的，感覺有一股擋不住的寒意。

早上上工前，組長對我說：「明里，你去支援一下印刷組的工作。」

一九七四年十二月三十一日下午四點四十分，一個悲劇的開始。

忙了一整天，下班前，我回到自己單位，準備巡視PCB（印

刷電路板）線專屬送風的「空氣壓縮機」冷卻水控制閥開關確認是否已關閉？並作下班前的最後例行檢查。此際前面正好有四位同事魚貫而行經過，我便隨著他們走在最後一位。當下他們要去哪裡？要做什麼？我完全不知道。

一台從日本進口的三氯乙烯（Trichloroethylene）化學槽機器（自動剎離機）放在工廠一角，這部機器到廠不久，剛組裝完成並且試俥中。一行五人走過鑽孔組與切銅板房工作室，再轉入狹窄的模具間，走在最前面的人突然停下腳步，他站在新組裝的三氯乙烯槽機器旁查看，這時機器正冒著似煙霧的氣體上昇。

第一人，他伸手把電源關掉，不知怎麼的，就在他拉下電源開關的一瞬間，同時叫了一聲：「危險！快跑！」只聽轟隆一聲巨大的爆炸，隨即起火燃燒，熾熱黑煙竄燒四起。

我完全沒有聽到他的警告喊話聲，完全在毫無心理準備下，一團炙熱的火舌正撲面而來（距離二公尺內），我看見站在前面的四位同事立即烈火焚身！就在同一瞬間，我全身陷入在一團火球裡，身體衣服開始燃燒完全起火，我直覺反應拉起捲曲的雙手，只想遮掩臉部並保護眼睛，但完全裸露曝露的雙手手指在著火後，隨即蜷縮扭曲成一團形似燒焦的「烤肉」。

晴天霹靂！我心裡非常震撼害怕，心想這下完了！怎麼會這樣子？怎麼會發生這種事？心中慌亂至極，一時間嚇呆了。

室內濃煙密布，慘叫聲不絕於耳，灰暗中大家爭相逃命，互相推擠，一股本能的求生意志，也不知是從哪裡來的力量，我下意識用盡所有的力氣，像是衝破鬼門關一樣本能的、死命的往外衝。

我被地上的大型廢油桶絆了一跤，掙扎一陣才又爬起來，但室內滿滿濃煙廢氣，我看不見出口在哪裡？依日常經驗及下意識直覺，我依循著平時所走慣的路線及方向繞過門廊處，快速地跑到切銅板工作區門口下。

　　這時候，我聽到廠房內有人急急忙忙呼叫我名字，但無法看清楚是誰。

　　遠處同事大聲喊著：「明里嗎？」

　　我回答：「是！我全身著火，怎麼辦？」

　　「趕快剝掉衣服！」

　　我說：「沒辦法啦！」

　　他再說：「趕快趴在地上打滾！」

　　我隨即將身體順勢向右側撲倒在地上。

　　其他同事見狀同時趕緊衝過來，手提著滅火器往我身上噴灑，我癱軟在地上，整個人都崩潰了，像洩氣的皮球，只剩下微弱的氣息在掙扎。

　　這段逃生路徑，約莫二十公尺，卻是我生命的關卡。

　　安靜的等待救兵，不敢想像大難已臨頭，更不知是否還有明天？

　　我放盡所有力氣，躺在地上以微弱的聲音說：各位再見了！再見！

　　一股絕望的心竄入腦海，並夾雜著一股悔恨與不甘心交錯，這把無名火為何加諸於我？我怎麼會這呢衰？怎麼會這樣子？我不停的吶喊著！

　　腦海中浮現出一幕幕親人的圖像，低吟呼叫著媽媽及女朋

友，悔恨於來不及說再見，悔恨於來不及道別辭行。我不甘心啊！我這麼年輕就要結束。

我怎麼會傻傻跟著他們走？我怎麼沒搞清楚當下狀況？實在是冤枉！真怨嘆！為何命運如此？為何公司從沒對第一線員工在職講習工安，清楚告訴我們這種化學物質有多危險、毒性有多強？為何從來沒有人告訴我，碰到這種事該怎麼辦？甚至於到現在都沒有給我一個為什麼會爆炸燃燒的災害原因？

一股怨氣衝上雲宵，失望與絕望迴盪在心。

我快速的被抬上交通車，但已有三位同事在九人座小貨車上，我是最後一位上車的受難者。

我模模糊糊看到外面走道上，一群驚魂未定的同事嚇得擠成一處，全部擠在餐廳旁的牆簷下竊竊私語。其他同事正四處尋找是否還有傷者在現場。

女朋友第一時間已知道我是受難者。我安靜的躺在車上懊悔，想起古諺：「夫妻本是同林鳥，大限來時各自飛。」然愛情才要開始我就無端遇難！

車子飛也似的來到桃園聖保祿醫院急診室，醫生窸窸窣窣的用剪刀迅速剪開我燒焦的衣褲，接著剝除手錶，脫掉馬靴，然後敷藥包紮及打點滴注射。

我漸漸地因強烈劇痛陷入昏迷與不知死活的世界雲遊、闖鬼門關。

不知何時，一覺醒來，我開始胡言亂叫，口中一直呻吟，喊這裡痛，手哪裡痛，背上熱，口好渴，要喝水等，語無倫次，然而喝了水又隨即吐出來。

意識狀態始終模模糊糊，三魂七魄早已不知飄向何方？

同事陸陸續續趕來探視從旁照料看護，急診室內亂哄哄的，一堆人七嘴八舌交談，有些人急著想要了解事情是如何發生的？

不知道過了多久時辰，我回神間偶然聽到有人在對話，漸漸地被那聲音催醒過來。談話的人向女友說：「吳先生要火葬。」

頓時感受到莫大的震驚！心想怎麼了？難道有人罹難了！

天啊！怎麼辦？心中的不安、焦慮升起，下一個會是誰？我問自己。

震驚家族的電報

「明里被火燒傷了，生命垂危！」

晚間的一封電報，震驚了媽媽、大哥及整個家族。村友阿海拍的電報送達我家時，已是晚餐後片刻。只有媽媽在家休息，大哥已出門散步，在附近的店仔口納涼。媽媽拆開電文，知悉惡耗後，隨即收拾簡便衣物行囊妥當，與叔叔二人包計程車連夜北上，一顆心七上八下、不安一整路，急忙行駛。

連夜兼程趕路，到達桃園已清晨時分。進入急診室那一刻，媽媽認不出哪一個才是我。猶如「火燒豬頭」——面熟、面熟。

全身包覆敷料，臉孔黑漆漆又浮腫的模樣兒，活像似一團發麵壞掉的麵包，又如烤焦的豬頭皮般，難以辨識身分，誰是誰。

正當我蠕動身子將要清醒時，我聽到媽媽淒苦的呼叫聲：「明里啊！」

那沙啞的聲音令人心酸，有如魚刺鯁在喉頭。我不知該如何回應媽媽的叫聲，片刻間一陣沉寂在空氣中。媽媽的呼喚讓我心痛欲絕、愧疚，因為覺得對不起她，我只有「嗯」的一聲回應。沉默片刻，我又昏睡過去了。

　　此刻，媽媽與大姊就近在咫尺，卻又遠如天邊看不見。一旁的女友在旁向媽媽說：「伊叨沒聽話，愛趴趴走啦！」

　　叔叔在旁悶聲不響，他覺得沒什麼希望了，又隨著原包車搭回南部家，並向親友說：「可能沒救了，要準備後事了。」「燒得很嚴重，可能救不活了。」

　　聞訊趕來的親友，無不搖頭嘆息。姑媽不解的問：「他跑進去幹什麼？好端端的孩子，怎麼會弄成這個樣子？」又說：「這種公司這呢危險！早知道，叨嘸去做什麼工！」問題是「千金難買早知道」。

　　家中大小個個不安，媽媽甫出家門後，大哥覺得不對勁與不妥當，一夜未曾闔眼好好入睡。凌晨即前往鄰鄉找小舅舅商量，二人即刻一起動身北上會合，並把家裡的事情與三位稚子，託付給大嫂照顧。

　　還有最不放心的爺爺，一早就到村上的北極宮燒香，祈求道：「保佑我孫明里好起來，我會做大戲來答謝。」爺爺從小就很喜歡我們這些孫子輩，此時他老人家更是坐立不安，只能來到廟裡上香，祈求上蒼保佑，希望轉危為安。

　　無端遭遇橫禍，是生是死全繫於他人手中。

轉院求生

　　一直躺在急診室裡，昏昏睡睡的毫無起色。四家家屬如熱鍋上螞蟻，既著急又無奈，醫院無燒傷設備及專業醫師可以治療，醫師通知宣布病危。

　　所有家屬焦躁不安，極力尋求醫療對策，另一燒傷者陳*熙家人見情勢不對，首先決定轉院。陳媽媽問媽媽：「明里要不要一起轉院？」

　　媽媽及大姊方寸已亂，一時毫無頭緒想法。站在一旁的陳兄妹妹是護士，她向媽媽說：「若要轉院，我們就一起轉，或許還有一線希望，總比孤立耗在這裡等死好。」

　　一九七五年的元旦中午，一點過後，我們與陳家人與公司緊急商議後，決定轉院至台北榮總。可是院方說：「若傷患在路途上有危急狀況，該由誰來處理？」又說：「醫院不會派醫護人員隨行，你們要自己負責在路上的緊急醫療照顧。」

　　幾經思量，家人堅持還是要轉院。我們「自動離院」好了，隨即辦理離院手續。可是醫護說：「我們沒有救護車可以接送病人。這是院方規定。」

　　院方又表示任何東西都不得外帶。眼尖的護士看到我仍蓋著醫院被單，她一個箭步衝過來，從我身上猛力的一抽，我忍不住驚叫：「痛死我也！」

　　一個正在尋求生存的人，連最後一刻被照顧的權利，也被粗暴的對待與不仁伺候，一個無力反抗瀕臨垂死的傷患，連最後自

決離院的生命尊嚴，也被無情地糟蹋與蔑視犧牲。我不禁要問：醫護啊，你的醫德良心、宣誓立言何在？你的學醫使命可存？您們莫非要我從床上滾下來跪求不成？

既然無救護車可調度，公司改用九人座的交通車權充為臨時救護車，總務急急忙忙的將車上座椅全數卸除清空，並在警車前導開道下瘋狂上路，恨不得趕快到達目的地——石牌榮民總醫院。

警笛一路呼嘯聲聲催促，車子飛也似的奔馳於省道上，我下了最後的賭注，好壞就此一遭。沒有人有把握，萬一有狀況該怎麼辦？但也沒有人想放棄最後的希望。不試試看，怎知道？

下午兩點過後，二人終於來到榮總急診室，卻碰了一鼻子灰，值班醫師見我們傷勢危急，不敢接下燒傷重症患者。醫師說：「請轉往其他醫院急救。」

心急如焚的家人，緊張又氣急敗壞，怎麼會這樣？不是安排好了？醫院「拒收」傷患，當怎麼辦？人已到此，已無退路，再轉院會死人，堅持不走。

醫師推諉說沒有床位不接，還是見死不救？不得而知，要我們再轉往其他醫院，那鐵定更糟糕，只有死路一條！一路上擔心受怕的大哥，已瀕臨崩潰邊緣，他放聲扯開大嗓門說：「病人都已經來了，還要送往哪裡？再送的話就送死人了！」

就在值班大夫與家人僵持間，隨行人員見情勢據理力爭，但雙方沒有交集。時間分秒流逝，眼見再拖下去，對病患更加不利。家人無法理解，更無法接受醫院的作法，連基本的急救都未處理，硬說不接，就是不接；說放棄，就放棄。

談連生廠長見情勢不對，即刻與院長直接溝通，希望院方能盡一切努力搶救，最後在大家的努力奔走下，榮總終於答應救人。金主任醫師隨即進急診間動手術，同時再開出一張紅色單子──病危通知！

轉院前及路上，我一直呼喊著手痛（腔式症現象，必須手術劃開以減壓），感受到整隻手快要爆裂似的，我難耐手部壓力腫脹疼痛難熬，口中不時呻吟喊痛。

金毓鴻主任立即動刀在我雙手手心各劃了一刀，從食指下方與虎口間切開至手腕關節處，頓時血水爆出，陪同進入協助的大哥見狀，臉色慘白的被醫護人員帶出來，接著又換舅舅進來抓我，避免我痛苦時失控亂揮舞，掉下手術台。

姊夫、大姊、媽媽等皆在門外守候，一家人陷入愁雲慘霧之中。

全身燒傷面積達百分之三十八，三度深層程度，在當下算是命在旦夕，除了奇蹟外，沒有任何人，抱有一絲希望。金大夫的妙手醫術，硬是把我從鬼門關拉回來。

我不敢想像竟然活下來了！我保住性命了！我撿到性命了！至於另外兩位家屬當時不急著轉院的同事，間隔一日後，一位轉到三總，一位轉到馬偕燒傷病房。老楊八日後過世，醫師說：「就算他能活，也無法傳宗接代。」，小鄧在一週後，多重器官衰竭相繼去世。

大難不死，必有折磨

　　命是撿回來了，但各種考驗才要開始，苦難折磨才要啟動。手術後我昏睡如一隻死豬，整個人處在昏迷及沒知覺的狀態下，偶爾才會甦醒過來，並且喃喃自語：「我在哪裡？」值班的特別護士林玲玉小姐馬上制止我：「不要開口，你傷痕累累，不能多說話。」

　　此時的我，臉上全部敷上白藥膏，眼睛罩著溼紗布以保持眼球溼潤狀態，身體上方架空，擺放著一座倒U字形的保護架，作為隔離被單避免直接接觸開放性的傷口。全身裹著厚厚地敷料，部分纏繞著彈性繃帶固定，身形活像似「木乃伊」般模樣，若沒有特別護士按照醫囑每兩個鐘頭必須翻身一次，以防屁股長褥瘡，要自己動起來簡直難以動彈。

　　金大夫是我的救命恩人，沒有他的醫術及班底團隊，我敢說百分之百，我會被無情的細菌給吞噬掉。如果熬不過燒傷所帶來的嚴重併發症——多重器官衰竭，全身臟器會積水，會被自己溺死，回天乏術！一命嗚呼哀哉！

　　他是一位要求嚴格的醫師，也是一位刀子口，豆腐心的好醫師。他關心病患的生活起居，有沒有飲食吃東西？食量大小如何？他會鼓勵傷患要多吃一點營養，尤其在預備植皮手術前，才有足夠的供皮層面可以取皮。

　　一天兩次，恐怖的換藥過程，讓我想一了百了。

　　每日一大早五點多，金主任就率醫護人員七、八位浩浩蕩蕩

一字排開進來換藥。初始不覺得換藥痛，等到身體神經知覺逐漸恢復敏感度，就見真章。

在最初，神智意識與神經知覺還不是很清醒與敏感時候，尚且不知傷痛的滋味如何，經三至四周後，身體的生命力已漸趨轉強穩定，知覺也漸漸地恢復功能，傷口痛的感覺也愈來愈清晰敏銳，有如刀鋒劃過一樣唰一下；來到五、六周之後，所感受到疼痛的層次，就如殺豬般若慘叫哀號狀態！

燒傷痛要區分程度，可分微痛、小痛、中痛、大痛、劇痛、狂痛到哀號之差別程度、等級，簡單說，微痛如螞蟻爬過些許微癢不足為奇；小痛如細針扎手刺激般，輕輕的吸一口氣還可以忍住；中痛如蜜蜂螫傷，再深深呼吸吐一口大氣以止住；大痛如刀刃劃過，要咬緊牙關吐氣換氣，加上呻吟握拳以度過；劇痛如撕裂挫傷狀，足已讓人哀號大叫不已；狂痛如殺豬般若千刀萬剮似的，真是痛不欲生也。

換藥時未打止痛劑，往往痛得全身發抖無法忍受與控制。每次換藥我都有如殺豬慘叫聲哀號，概因傷痕斑斑、鮮血淋漓，不忍卒睹。那一種劇痛、折磨過程，痛到讓人不想再撐下去！心想不如讓我死了算了！

金主任換藥有如在行軍打仗，容不得屬下（含實習醫生）些許差池或怠慢，他常以慣性的權威口語發號施令標準動作，真叫人不寒而慄。其標準口令如下：手套，剪刀，打開紗布，食鹽水，清潔紗布，藥膏，Soft-Tue，小紗布，大紗布，棉墊，膠帶等一連串指令順序展開。

在他手下工作的實習醫師，如軍隊般紀律嚴明整齊，個個

是豎起耳朵聆聽指揮，就深怕聽錯了有所疏忽怠慢，人人緊繃著臉，就擔心他發飆，醫護上上下下按著標準動作，不得有任何差池與閃失，否則一定被厲聲斥責侍候。

少有人敢吭聲，即使病患在換藥時喊痛，也會換來一頓臭罵。他的口頭禪：「長痛不如短痛，叫什麼叫！」唰一聲拉開敷料，紗布與皮肉分離！

有一次，我實在痛到受不了了，下意識的發出非常痛苦的哀叫聲，他說：「再叫，我會把你扔出窗外！」

塗藥膏時，若能以手掌心推開敷藥，其面積大壓力自然比較分散，這般痛尚可忍受，若以手指尖方式來敷藥，那鐵定完了，指尖面積小則壓力大，稍微碰觸到傷口，簡直讓人痛如烙印般，酷似極刑對待。

他掀起棉墊、紗布時，總以快速手法清除，很少用食鹽水潤濕再慢慢撕開藥布，因為除非癒合的傷口處沾黏，否則都是浪費那些食鹽水。

初始急救期，我一日換二次藥，到一日換一次藥，至穩定正常時期，我兩天換一次藥。換藥時的劇痛讓我害怕到全身顫抖無法停止，幾近完全失控狀態。心理作用，每當聽到外頭護理車在滑動，我的生、心理現象反映同時出現，就像被催命符咒附身一樣，完全被驅動起來，感受很不舒服，心臟加速跳動，脈搏加快，血壓上升，體溫升高，頭昏心悸，情緒不安，整個人陷入焦躁！

另一方面，在換藥後，因藥效抗菌關係，體溫快速升高，在四十度間上下徘徊，必須在二腋下、額頭上及頭下個別放置冰袋降溫。

受傷後不痛，那是不可能的事；傷口會痛反而是可喜的現象，有傷口就會痛，有痛覺才會好，不痛（沒神經）可能就不好了。燒傷後神經組織日漸恢復知覺與敏感度，感覺會更加的疼痛感，相對的，顯示身體正逐漸復原。反之若是不覺得痛，那神經組織可能就大有問題了。

　　然而，心痛與傷口痛相隨並存。夜深人靜最易傷感，好多個夜晚，我在惡夢中驚醒，獨自啜泣、拭淚、自責，難以入寐。回想事故發生時，這恐怖的爆炸聲導致我驚嚇過度，常在睡夢中作惡夢且夢囈不止，還會怪聲吼叫，語無倫次，在發作的瞬間，兩手無法控制亂揮舞，事後又冒出一身冷汗來。

　　這些不可預期的舉動，已影響我的治療。這不聽使喚的突發動作，往往把手上的點滴拉扯針頭脫落掉。手臂皮膚組織發炎浮腫，根本找不到靜脈血管打點滴之處，實習醫師好不容易打上點滴針頭，又在我無意識亂揮舞的情況下破壞掉。

　　媽媽與大姊及女友拿我所穿過的衣服，去廟宇祈神、卜卦解厄，找民俗療法為我收驚、安魂定魄。月餘後，果真比較少有怪叫又亂吼的動作，發作頻率也逐漸地緩和下來，但偶爾還有惡夢如影隨形不去。

　　媽媽安慰我：「『痛』由你自己來承受，『苦』讓我們一起分擔。」

　　看看今日的社會新聞報導，有些人忍受不了壓力與一時挫折、沮喪，動不動就鬧自殺走上絕路，但有些人卻要與生命拔河，撐到最後一口氣。

　　為何不想一想，活著就有希望啊！三寸氣在千般用，一旦無

常萬事休。

　　我告訴我自己：「我要活下去，不管如何，我都要活下去。」

挖挖補補，照三餐動手術

　　植皮挖挖補補，手術有如吃三餐，餐餐死裡逃生。從轉院治療（病危急救期）始，我的手術就不曾間斷過，也在累積個人手術紀錄。據診斷書記載，有一九七五年一月二十七日、二月五日、二月十九日、三月六日及三月十一日等五次大小手術，如果將急診室的臨時一刀也計算，已累計六次矣。

　　為了傷口的乾淨，我一次又一次的進行燒傷後清創（去除腐肉細菌感染）與植皮手術，也因密集的安排，身體無法負荷承受，以致異常虛弱。所謂清創手術，即將壞死的肌肉組織剪除清理掉，好讓傷口乾淨復活，減低細菌感染。由於身體體能大量耗損，電解質、養分的供需失衡失序，整個人感覺就像要崩解一般，身體無法動彈，無法翻身，整個人似「竹片子」瘦了一圈！從五十五公斤，瘦到接近三十公斤體重。

　　二月初我進行首次植皮手術，這一次工程浩大，做兩隻大腿的植皮。前後將近十個鐘頭，從早上七點前進手術房，到晚上用餐後，我才出恢復室，再送回到十八病房。漫長的手術，僅存的體力如耗盡的油燈，如風中殘燭，不堪微風吹拂。想到這裡，內心自是激動時起，情緒如鯁在喉，淚眼自生模糊。

　　大小腿上血淋淋的傷口，若要快速癒合，除了植皮之外，還是植皮。這次取皮之供皮區，從腹部肚臍兩側間，取二大片皮

層，面積各約「十乘十平方公分皮層」左右。皮層取下後，醫師用壓碾伸展功，將真皮面擴張放大製成紗網狀，如此將皮層變大後作最有效的植皮運用，另外剪成郵票般大小，再貼到大腿乾淨的傷口表層上，使其覆蓋皮層自然癒合。

國內這種植皮方式，我算是「白老鼠」一隻實驗品。當時的整形外科醫療技術環境才從國際引進專業，據悉羅慧夫就是祖師爺，並培育專業醫師，且人數也不多，一隻手就可以算得完人數。

身為「燒傷先鋒者」，若得個「醫療貢獻獎」榮銜，絕不過分或失禮。

另外一次，取自左手臂上方的皮層作雙眼眼瞼植皮手術用，我眼瞼萎縮，完全外翻，無法閉合動作，已完全喪失覆蓋、閉合功能及保護作用，必須用植皮方式補做眼瞼部分，以保護眼角膜、眼睛視力。

醫師說：「如果不做，有一天，眼角膜、球體會乾澀壞死，造成失明。」我問：「為什麼？」醫師說：「眼角膜、球體靠淚液腺供給養分，並透過眼瞼眨眼的動作維持濕潤與保護，如果沒有眼瞼部分，眼睛會直接曝露、風乾且愈來愈酸痛、乾澀，導致壞死，進而失明。」

醫囑交代特別護士說：「用食鹽水微溼紗布，再覆蓋在眼睛上方。一來保護不使風乾或異物侵入完全張開的眼睛，二來維持眼球體的濕潤狀態。」

告訴你，在我開刀之前，我是否在睡覺，誰也不知狀況。只有當我發出聲音，旁人才知道我是醒著。據稗官野史小說所載，

張飛睡覺時眼睛是睜開的。這傳說我懷疑是真的，聽聽就好，不必當真。

眼睛縮成一條隙縫，有人問我看得到嗎？我回他：「你認為呢？」

其實燒傷者的眼視力大致上不會有看不見的問題，但眼睛變形後，視野會比一般較窄一些。相對的，被強酸、強鹼或熱液體直接侵蝕燙傷者，大部分視力會損壞、減弱，成為弱視者或視障者。

疤痕壓迫眼睛淚管，導致淚液往外溢流，常使我淚流滿面狀態。不明就裡的人，看到我流淚，常常誤以為我傷心、哭泣呢！眼睫毛僅剩餘數根可數，並推擠向眼睛尾端兩旁角落處，已經無法保護及遮掩灰塵或異物入侵，又容易長眼屎，真是不勝其擾。

兩邊眉毛也沒有了！遮擋汗水已消失，美觀已不復見，基本功能頓失。有人去美容植毛髮，反而髮根增長徒增困擾。有人去刺青畫眉，各取所需做功課，我想都沒想過。反正已一無所有，何必在乎這些撈什子。

此外傷口癒合前後，總是這裡癢，那裡也癢癢，全身都在癢癢，就像千萬隻小螞蟻上身，爬在身上爬來爬去。更糟糕的是，細嫩的皮膚卻開始長小水泡（像葡萄般），一夕之間如魔鬼蛇神似的個個冒出來，兩天後即化膿破皮，形成新傷口，真是可惡至極。

鼓起圓圓的小水泡如葡萄般，叫人又氣又惱、又無奈！治好了一個，原處不久又再生好幾個，甚至於無數個出現。醫師也束手無策，採用化學液「硝酸銀」作燒灼治療樹，但成效有限。

天天要換床單及被單清洗，處處沾染血水、藥水，讓人很不舒服及產生異味。不要小看這小小水泡作亂，我足足被困擾了半年左右光景，半年之後，偶爾還是會出現一二顆水泡來犯。

變色的紅皮膚，一如火炎山熾熱，尤其在夏季，如果沒有冷氣，真是熱到不行。在冬季，也好不到哪裡去，皮膚乾燥易發癢及龜裂。

我的經驗是平時多注意飲食，增強抵抗力，不要亂吃東西，如辛辣刺激性的食物，蝦類海鮮，避免喝酒（含有酒精類，尤其是烈酒），或過熱的熱水洗澡（會更癢）。保持皮膚的乾淨清潔，注意個人衛生習慣養成，維持皮膚的濕潤，塗抹油脂含量較高的保養油，如嬰兒油、凡士林、綿羊油、馬油（日本北海道）等，嘴唇部分可塗抹高油脂的亮光唇膏護脣，儘量避免皮膚乾燥龜裂，另外絕對不要用手直接狠狠地抓癢，或直接接觸搔癢與摩擦皮膚面。

一聲令下，躺著出院

金主任匆匆的走進病房，毫無預警地說：「你可以出院了，明天（一九七五年三月三十一日），你可以回家了。」

沒有出院計畫。一聲令下就要我出院，心情真是錯綜複雜，要說高興嗎，卻高興不起來，要說當下不歡喜嗎？卻又不是如此，是悲喜交集吧！內心既矛盾又衝突，矛盾的是心理上還沒有準備好可以出院？衝突的是還有一部分傷口尚未完全癒合，該怎麼辦？

完全沒有出院計畫與做好回家的心理準備，我與媽媽不知如何是好？媽媽也不知道接下來該如何照顧我。已經躺了三個月，要出院早該讓我心理有所提前準備，但直到最後一刻，要強迫我出院，真是沒道理。

　　媽媽哪有能力幫我護理傷口？更不知如何照護這般新皮膚，我又無法自由行動，還不會下床走路，全身像似嬰兒般必須有人協助照料，所有的「生活自理」事項，完全依賴媽媽的幫忙，當下要我出院？這是什麼意思？

　　我未曾在床位上坐起來過，沒有練習過下床的動作，或學習走路運動，甚至於自己能自由的伸展身體。看別人出院真歡喜，自己出院卻是愁雲慘霧。當年躺著進醫院，結果是坐輪椅送出院，心中的感慨與感受非筆墨能形容。

　　特別護士從床上試著把我扶起來「試坐」，但尚未坐穩，即感覺一陣暈眩，眼冒金星，只差沒有金光閃閃發亮，身子直冒冷汗，軟綿綿的無法獨立坐著，身子晃來晃去，必須他人攙扶我。此時別說要我端正坐好，恐怕連要坐直起來都是問題！何況要下床，總要適應一下，該如何重新學「走路」。

　　如此折騰了一個早上，耗到中午前，不得已，還是要坐起來。床位搖傾斜後，我試著抬起雙腿，慢慢移往床位邊緣，瞬間大腿下的微血管立即爆裂數處，冒出血水亂噴，看了實在是亂嚇人的！

　　我強烈感受到大腿上的刺痛、麻麻感覺猶如刺針似地亂竄，疤痕立即變成黑紫色，正常皮膚略帶紫色斑點狀，種種跡象讓我心頭為之沉沉，心情跌到谷底、慌張起來，這能出院嗎？我懷疑這個出院決定是好的。

血液回流不順暢，鬱積停滯在疤痕上，感覺微血管就要撐開爆破似的，看得我自己都嚇呆了，更誇張的是，我根本無法靜止站立不動，連三秒鐘都不行！站立時，兩條腿猶如針刺在鑽動，必須不停運動如「打鼓」狀，要快速不停的抬起又放下。坐下時，要將兩條腿往上抬高平舉，否則真是奇癢無比痛苦萬分，我懷疑自己能走路？

　　媽媽不解為什麼一定要在這個時候出院？金主任說：「依照勞工保險條例規定，病患住院一期只能三個月」。又說：「如果有問題，明日再回來住院。」

　　這般藉詞，我無法接受。但無可奈何，他人矮簷下，豈敢不低頭。

　　出院了！悲喜交集！一首命運交響曲在空中迴盪！

　　輪椅緩緩的在樓層走廊上行走，立即引起院內迎面而來的行人一陣驚訝、騷動與慌亂行為。此起彼落，我被當成電影ET怪物看待！交頭接耳，耳際響起刺耳對話：「你看那個人！」

　　他怎麼了？嚇死人了？他好恐怖哦！魔鬼！魔鬼！

　　他人句句言語震撼我心，直覺反射觸動深層脆弱的心靈，路人一個小小的動作、反射舉止，已明明白白告訴我，我與他人完全不一樣的面貌，我一定是頭、臉、頸部等五官七孔全面捏捏作一堆，完全毀容、表相面貌已然體無完膚！

　　陌生人，您太無禮了。恨不得有個地洞可以鑽下去，恨不得我能夠立即消失於地平線上，我不敢抬頭（其實我無法抬頭）正視前面，媽媽緊張的跟隨在後面同行，偶爾回應那些「多嘴」又饒舌的看戲人。這干卿底事！

坐在車上內心百感交集,腦海一團的茫然若有所失,完全一片空白,不敢多想外界所投射之異樣眼光與行為舉止之事。話說回來,真是不可思議,我還能奇蹟似的熬過來,內心自是悲喜交集,感激不盡救命的人!

回家了(暫租石牌尊賢街239巷?號2樓),心裡感覺真好。來接送我的劉司機與沈克強先生同聲說:「放開心情,不要想太多。你好好的靜養,很快就會好起來的。如果有什麼需要幫忙,請告訴我們,我們會儘量來幫忙。」

我的一小步,家人的一大步。如果這是生命中不可逆的過程,那我只好勇敢迎戰。我沒有放棄自己的權利,更沒有脫逃的藉口。既然生命已重塑再造,自有其未來的意義與發展,不如現在放空,且待未來尚有可為也說不定。

我到底傷成什麼模樣

我到底傷成什麼模樣？

為什麼他們注視圍觀我？

為什麼他們好奇的看我？

為何他們如此無禮！

鏡中發現破碎的臉，我終於看到自己，看到「最醜的男人」！

鏡中發現破碎的臉

　　車子在陌生的石牌路上起伏前進，我的心思也在起伏交錯思量人生。

　　一面想著媽媽的慈愛恩情，一面追憶受難的片刻影像，還不時浮現醫院走廊上，那一幕幕「第一類接觸」的畫面。我看見走廊上行人向我投以注目的驚奇眼神，以一臉撞見外太空「ET」的表情相望，這些人直視我良久不放過，口中猶喃喃自語：「可憐喔！」疼惜之聲。

　　無意間與世間人短暫的交會，瞬間雙方視線與視線對焦。從這些人好奇與不尋常的反應動作，我感應到自己的不一樣，這逼使我拉回視線，暫且閉目養神，藉以迴避眾生人的壓力。我默默

問自己：「我到底傷成什麼模樣？為什麼他們注視圍觀我？為什麼他們好奇的看我？為何他們如此無禮！」

想看看變形的模樣，又怕看到變形的模樣，真是矛盾！雖沒有人告訴我變形模樣，但我猜想應是一個「慘」字了得。錯身而過的路人驚見我「與眾不同」面貌，經常以疼惜的口吻流露而出，並且發出嘖嘖稱奇的驚嘆聲流洩，看見臉上之表情變換豐富如水果攤似的，有紅、橙、黃、綠、藍、靛、紫俱全的色彩，我一次次面對驚恐的陌生客。

莫名的被人注視，投以異樣神情，我無法走避逃離眾生相前半步，一時內心掙扎無法平靜下來接受，深刻的意識到我的不一樣，現在我已完完全全的與眾人不同。陌生人好奇夾雜著同情的眼光鋪天蓋地而來，引發我內心的不滿撞擊，想要大吼幾聲：「你們滾開！你們走開！有什麼好看？看什麼看！」

反抗與不平的情緒時起，在我心中層層疊疊捲起如千堆雲般，恨不得一腳狠狠地踹開冒失的人。我抗議無禮之人，我不是你們眼中的怪物、兇惡之徒，我是活生生歷劫歸來「被火紋身的人」。

人間痛苦，大悲無言，欲哭無淚心茫然。有道是「男兒有淚不輕彈，只是未到傷心時」，此刻若能淚如雨下，或許能解我幾多憂愁壓力。但這個苦，沒有人感同身受──同理心，沒有人了解怎麼了。有道是「沒有哭過漫漫長夜者，不足以語人生。」自我解悶釋放心情。

我強忍心中的無奈，我鼓起最後的餘勇，我咬牙告訴自己，這是我第二新生命，是新生命的起始人生。此刻至少我已活過

來，可以回家休養了，可以呼吸到醫院外的自由空氣，暫時不用在病床上數天花板過白色日子。

比登天還難的回家之路。我用盡所有體力，緩慢的移步下車，但連再多走跨出一小步，都覺得困難重重，更遑論要上二樓行走階梯！

頓時感受到雙腳上下血液循環刺痛如麻流竄，一時片刻我停不下來也站不住腳。隨行人員見狀不妙，急忙貼身靠近撐著我並且使力的拉抬上樓梯，快速進入房間躺下來休息。公司暫時租下二樓公寓住宅，好讓我與另一位受傷的難友調養生息，並方便回醫院定期門診追蹤，卻未注意到無障礙環境設施設備電梯升降機之事。

客廳空蕩蕩的空間，沒有任何的家具設備佈置，一切從簡到底，僅有廚房供給媽媽使用做三餐生活。為了不讓我看到「破碎的臉」，連盥洗室內的鏡子也被拆除了，房間內擺設一張簡陋的木床，高度適宜方便我起身站立；另有一張小書桌與椅子提供媽媽使用及放置東西。

新生的皮膚很嫩，又經常癢得不得了，有天晚上，我下意識的去抓，結果造成新傷口一大片，水泡處處破裂，讓我苦惱不已，也被媽媽念了一番。

我雙腳無法站立不動超過三秒鐘，全身疤痕處會發紫及變黑，顏色像豬肝色一樣難看。站立時，我的雙腳必須不停運動，否則就像有千萬隻小螞蟻在腿上爬行侵襲，奇癢無比有如細針穿刺，入皮入骨刺痛發麻難熬。

感覺血液似停滯不動，血管腫脹難受，又感覺似血水亂竄爆

裂，尤其洗完熱水澡後，血液加速循環回流，疤痕特別奇癢，身子又難受，真是痛苦。

聽信偏方，死馬當活馬醫，嘗試秘方一樁又一樁！

有人告訴媽媽用紅糖加米糠調和當秘方（黑糖炒米糠——黑嚕木製），塗抹在疤痕上，說可以讓又硬又厚的疤痕顏色快速恢復變回原色。媽媽依法嘗試照作一番，結果當天晚上慘不忍睹，引來螞蟻偷襲並且爬滿我全身塗抹之處，真是讓我哭笑不得！

天然的尚好，試百草樹根，扮演當代神農氏。試用榕樹鬚根放入煮鍋內加白水熬煮，再運用蒸發的水氣吸收氣體，聽說可以治療萎縮的手指筋骨獲得舒展軟化之療效。我打從心裡懷疑，不太願意如法炮製。

媽媽年齡不小了！萬一有個閃失跌落怎麼辦？她特地到新天母公園摘些許榕樹鬚根回來，並依土人獻策方式操作一番，我又成了白老鼠一隻做實驗品。我的天啊！正是「臭頭仔厚藥，病急胡信巫醫」。

做完一次手指「蒸氣浴」後，我拒絕再讓媽媽胡搞瞎搞。

手指完全變形走樣如薑母般，我無法正常穿衣護身，一般的衣袖口也大多太小，手臂無法貫穿過，必須剪開衣袖口成為大開口樣式；另外又怕衣服會摩擦皮膚傷口，這當下我只好全身赤裸裸地，僅在肚臍下腹上覆蓋一條小被覆體而已。只能躺著，不敢亂動、亂走，完全過著原始人的生活近一年。

第二次出院後，爺爺因急性肝病延醫求治無效，終告與世長辭。媽媽依習俗得趕回家，與家族人商議準備後事儀式。媽媽放心不下，在書桌上放了饅頭當早餐吃，但我雙手毫無力氣可使，

手指也無法抓取食物，只有兩眼對著食物發呆，望之興嘆！

這般刺激下，內心浮現無限的挫折感，也強烈激起「自理生活」的意念。

我挨著桌邊的椅子坐下來，就在嘗試移動間，我看到桌面上媽媽的小鏡子，剎那間，我發現「破碎的臉」，我終於看到自己，看到世上最醜的男人！

我的五官面貌、器官形體皆已改觀，直視瞪著鏡中的我，強烈的感受到身體在顫抖，渾身不舒服，手掌心直冒冷汗，心臟砰砰的跳著，內心告訴自己，我已完全無顏可見人！怎麼辦？

百變人生，人生百變。試問明日來得快，還是意外來得快！

我未曾想過自己會變成這副德行模樣，也從未曾想過會有今日的結果，我會是一個「顏面損傷者」「燒傷者」。蒼天曷有極！從未見過像我如此臉孔的人，我無法接受自己模樣，更不敢相信醫師救回的老命，卻是如此殘缺破損不堪，如此的二二六六，是如此的七孔皺皺做一堆！怎麼辦？

耳廓軟骨萎縮沒有了，眼睛瞇成一條隙縫，猶似被蘆葦割開樣貌，頂上額頭下人中處，有兩條深陷又突出的條紋疤痕，猶如溝渠般從旁聳立著；再看看鼻頭往內萎縮形狀，鼻孔開口處已變大約可容下鳥蛋大；整個臉部既僵硬又繃緊緊地，上下脣厚厚的，兩側嘴角硬硬的，嘴巴撐不開，若要咬一顆蛋也難以咬住，用餐吃東西時，湯水會順勢垂流下來。怎麼辦？

心情萬般的無奈痛苦，無法接受我已「變臉」！面對著鏡中的我，我一開始內心驚恐、茫然、失望、也絕望！一時間心亂如麻，內心歇斯底里的在吶喊抗拒，我那耶庵呢？

心情真是跌停板綠油油，一個人呆坐悶悶不樂又孤立無援，腦海中一片空白，無語問蒼天。

不敢再看下去自己這張變臉，心情壞透了！以一首詩為證：

這一次　我在鏡中看到變臉的面貌　是真實　是驚慌　是無望
這一夜　我在哭泣中度過漫漫長夜　見生命　見無常　見光
這一回　我在茫然中盼望希望　新新生命　新新人生
這一次　這一夜　這一回　都是我的命　無常命

受傷住院時候，癒合的真實情況如何，沒有人跟我提起過變臉的疤痕面貌，更不知厚厚的「疤痕」厲害變化，這下終於領教了。

預防癒後變形很重要，醫師如何照顧好疤痕，在治療期是一門大功課。

這年代，從未曾聽聞過有物理治療師、職能治療師等協助燒傷病患做重建復健治療事，對於燒傷者癒後疤痕會開始胡亂增生、變形、垂足、僵直、固化、角化、拉扯、彎曲以及萎縮等千變萬化、畸形怪狀模樣感受到束手無策，也不知道量身定製穿戴彈性壓力衣壓迫疤痕，定製各別型式功能副木（輔具）復健，以收事半功倍之效，我完全不知有何資源可用。

顧不了面子，我有何面目見人？他人如何驚訝於我？我陷入無盡的苦思。

媽媽說：「咱是意外受傷，又不是作歹，乎人傷害，有什麼

好見笑？」媽媽一席安慰話語，如雷貫耳，直搗我內心深處。

你要不要再美容？整形？常常被問到「疤痕有感覺嗎？會不會痛？」

一連串的好奇問題，經常讓我很心煩，尤其碰到一些好奇者連珠炮的盤問犯人似的問話模式，實在是真是厭煩！答也不是，不答也不是。

有些看見我的人，不攀談問話好像生活會很不舒服般，會活不過今日似的日子，如經常被迫劈頭就問：「你是被人潑硫酸嗎？」遇到這幫沒禮貌的人，我一概「裝聾作啞」，沉默回絕對方的好奇。

這種人沒有同理心，他只是好奇，亟欲窺探他人隱私傷痛罷了，不值得我去做任何回應以及分享生命經驗。不理他，就是我最好的反制模式。

翻轉變形的手

手指變形到什麼程度？不說明白真的很難想像。沒有親眼目睹，更無法理解那模樣，手指嚴重扭曲、翻轉，慘不忍睹。

您也許吃過薑母鴨，但未必見過「老薑母」。您也許去過桂林，親臨見證「桂林山水甲天下；陽朔山水甲桂林」美名，感嘆造物者之巧妙，心領神會巧奪天工，數不盡那層層疊疊，縱看成嶺側成峰，峰峰相連的美景。我的手掌與手指變異形狀，雖不敢與桂林、陽朔山水相比，但亦不遠矣！在未動手術前，也許比菜市場的「老薑母」，有過之而無不及。

手術前，雙手變形扭曲，指節萎縮繞曲，關節固著硬化，手掌背反向翹翻轉，疤痕肥厚僵硬難以動彈。論正常手指節構造有三處關節，第一節關節稱為「尾端」即指尖處，第二節關節稱為「中間」即指中間處，第三節關節稱為「底部」即手掌彎曲處。

　　右手大拇指第一節與食指的「底部」即手掌彎曲處黏結；再來，食指與中指及無名指與小指的第二節關節之「中間」全部黏結在一起，然後呈現背向反轉、反翹現象，手掌心「底部」即手掌彎曲處，如發酵麵團樣膨脹。

　　右手指節關節硬化程度如何？大拇指的「底部」與第二節均僵直定形，食指及中指的第一節與第二節關節均「固化」定形，角度彎曲變形約莫一四五度，無名指與小指的第二節關節也是「固化」定形，角度彎曲變形約莫九十度，整個手形狀如挖土機的怪手鏟斗般模樣。

　　左手大拇指第一節與食指的「底部」黏結在一起，食指與中指及無名指與小指的第二節關節間之「中間」全部黏結在一起，也呈現反轉、反翹現象，手掌心如發酵麵團般膨脹，尤其是手掌「底部」彎曲處。

　　左手指節關節硬化程度又如何？大拇指的第二節垂直與第三節關節僵直並「固化」定形，食指的第一節「萎縮」直伸形狀，與第二節關節「固化」形成垂直「厂」形狀，中指的第一節關節「定形」形式如龍頭狀，無名指的第一節關節「固化」垂直，第二節關節成九十度向下成「ㄠ」字形，小指的第二節與第三節關節也是「固化」垂直，指尖端萎縮後向左轉向上。

　　覆巢之下無完卵。所有指甲全數角質化、硬質化並且裂開

狀，指甲質地粗糙又厚又硬，十隻指甲沒有一隻是一樣形狀或完整的表面，亦無法用一般指甲剪修剪指甲，必須要用電器專用的「斜口剪」工具，或美工刀片小心地慢慢的修剪裁切去指甲，有時候弄不好，稍微失手就會割破皮及血流如注。

指甲與皮肉之間經常性龜裂，硬化成脫皮淺「V」裂溝，深處則常常皮肉會出血、硬皮屑狀況，這種現象在冬季與春季，氣候變遷特別乾燥或潮溼的季節尤其嚴重。為避免惡化或一再流血情形，平時一定敷上最富油脂的凡士林、馬油等保養，以維持皮膚的滋潤度。

嘴脣同樣角質化龜裂情形，平均一周會脫皮一次，周而復始不論四季季節。消耗性滋潤用料，一個月用掉一條高油質的亮光脣膏保養，有時候還是難以抵擋角質化現象，並成為生活上應注意的大小事。

正在讀這本書的你，可曾想過指甲的功能，沒有指甲在生活上、工作上有什麼不方便？又該如何克服？

無指甲，精細、細作動作是一個很困難的生活與工作。沒有指甲，大小硬幣銅板撿不起來，尤其在光滑的地面或桌面上；薄紙紙張也挑不起來，掀開書本簿冊子更是不順手，更難以翻頁道林紙；市面上設計「方便性物件」之飲料罐，缺少些許可變性伸入空間，故而無法輕易拉開易開罐片頭；設計掀起拉膜片之帶頭太短小，如養樂多瓶蓋口、保特瓶水封口膜等，欠缺足夠可抓緊之長度設計，更是困難重重、退避三舍。還有打不開更細小、精密性的東西如手機與相機之記憶卡、電池覆蓋孔等小小開口物件、定置擺放。

如何克服不方便？我嘗試借力使力，借物體施技巧功。拿一個硬幣銅板，碰觸「推擠」另一個銅板，或拿另外一張紙片，切入「挑」起銅板；翻開紙張則手指稍微沾濕，讓紙張吸附住；至於如何開啟「易開罐」類，則用硬幣切入或薄片斜切掀開或兩瓶邊緣使之對碰切入挖開。

　　生活處處有障礙，工業設計師您可知通用設計？如投幣式公用電話的退幣小孔，開口既小又深下，我的手指根本伸展不進去（截肢者不知怎麼辦），若要退還硬幣，我掏不出裡面的硬幣，為了挖出那一塊零錢本金，常常被障礙的設計磨擦到手指破皮又流血；停車場投幣式或代幣的出口處也類似情形自不在話下。還好現在是手機的年代，但是，偶爾不便也是要用到公用電話的。

　　做廚房家事不順手，只有耐心慢慢來做細工，並且擅用不同的輔具當作工具使用，或者由他人代勞協助幫忙，如剝除蝦殼、去掉蛋殼、去除魚鰓等；殺海鮮類皮質都是不容易，如章魚皮、軟絲、花枝等；取用迴紋針、針頭、刀片、拉開PE袋等光滑細緻的小物件、動作，都是一大難題考驗。

　　生活上無法自理，完全仰賴媽媽代勞。我像一個大嬰兒似的，得一切重新再來學習。我無法自如扣衣服的鈕扣，拉鏈不會拉，無法拿筷子用餐，媽媽妙手用紗布纏繞湯匙，將湯匙握把處變大，讓大拇指與食指可夾住。請給我一個掌聲激勵，也給媽媽一個大大的掌聲激勵。

　　我試著寫日記兼運動手指，依樣畫葫蘆變造，我用紗布纏繞原子筆桿，就這樣開始一筆又一筆的書寫練習寫字，但開始寫不到幾個字，手指就已完全酸麻無力，根本沒有持續的力氣可用，

但我堅持把一天的心情寫下來。

　　從生活學習「自理生活」開始建立信心，我改造生活用具個別化，重新學習去適應這些不方便並將之改變。讓我想起達爾文名言「適者生存，不適者淘汰」「弱肉強食，物竟天澤」之道。

　　媽媽與我一起摸索嘗試新事物，我在學習中看到自己的進步，這些小小的進步，卻是大大的方便之路，也是建立「小信心」的基石。

　　我做到了，因為媽媽的愛，讓我勇敢面對困境。

頸部手術禁食固體三個月

　　我不敢奢望一年半載就能完成所需要的手術，也不敢奢望能回到過去的樣子與功能。我優先進行「功能性重建整形手術」疤痕黏合處的切割植皮。一九七五年五月二日，二度住院於榮總十八病房，進行頸部放鬆手術。

　　論手術，我害怕到極點。重點在於不知從何處可以找到血管打點滴（食鹽水）針頭，每一次都擔心個半死，但確實也是如此的景象。

　　聞到麻醉劑，我既嘔吐、反胃、又痛苦，一次又一次的折磨與掙扎，如此重複進行奮戰不懈，因為手術刀才能拯救變形的軀體與改變我的未來及生命品質。

　　麻醉過程讓我壓力很大，擔心受怕手術前的準備過程，首先麻醉師選擇適宜的冰冷「擴嘴器」同時口中念著「嘴巴張開」準備插入口腔內，接著硬是把縮小的嘴巴撐開擺放上擴嘴器，手術

台上七手八腳醫護忙得不可開交。

這時我的身體開始不舒服，出現反動作抵抗，「放鬆，忍耐一下，快好了」，麻醉師見我痛楚的反映安撫著說「忍耐一下，快好了！好了！」，醫護同步滴入藥劑，促使我嘴巴喉嚨嘗到苦味，自然就會張開僵硬咬緊牙關的上下巴！一鼓作氣而下，快速地放入抽痰導管及呼吸器具等。

空氣中充滿緊張氛圍籠罩；我的整個嘴巴幾已爆滿，並且持續發出呻吟痛苦聲音，啊一長聲！這長長的求助呻吟聲，打亂了旁邊的手術醫護人員。

分工合作搞默契的手術台團隊，上空一手半碗型呼吸罩夾雜著濃濃的味道嗆鼻，身體在做最後的不適掙扎；一旁的打麻醉劑師同時注射麻醉劑進入點滴內運行，血液內感覺一股熱熱的流動液體在血管奔馳散發。

麻醉師導演開口說：陳先生「深呼吸」，來開始數1、2、3、4；我數不到五就茫茫然了，直覺當下腦內金光閃閃如光速四面八方散開如雲霧，整個人進入昏迷狀態。

您想想看，嘴巴連小雞蛋都塞不進，要進行手術，光這套手術前的陣仗侍候，你還有勇氣嗎？一般人麻醉不會有這般折磨前奏曲，也不用如此的大費周章，更不知曉怎麼突然間就睡覺了！去雲遊宇宙了。

關關難過關關過，我沒有拒絕與選擇的權利，只有面對手術的折磨苦難。

手術前，我的頸部僵直，被疤痕往下硬拉到胸口，無法靈活轉動，下巴外翻相當嚴重，嘴巴無法正常咬合，喝水、喝湯與用

餐時液體食物往兩側滲漏，像似「木乃伊」狀，頸部無法上下、左右靈活轉動，手術後，前述情形改善許多，頭可以稍微左右轉動，也稍能抬頭看正前方。

頸部植皮期間三個月，被禁止嚼食固體食物及吃乾飯。

擔心害怕嘴巴咬合及食道吞嚥運動過度，壞了植皮的固著成活，醫囑要吃冰冷的流質。院方配料流質食物為豬肝、碎肉類、薑末、蛋花等食材混合打碎熬煮的濃稠湯，冰的冷涼，氣味腥羶混合著，一日三餐，餐餐沒變，一周後吃到我厭煩，吃到怕，吃到我拒絕吃！

媽媽看我如此痛苦不食，只好偷渡排骨加蔬菜煮成的稀飯進病房。

媽媽問：可否換掉流質食物，或改其他飲食？醫師說：「不行」

我經常鬧肚子痛，腸胃不舒服拉肚子。即使現在，如空腹喝牛奶，吃豆腐類、肉類以及海鮮食物，倘若食材欠缺百分之百的新鮮乾淨，吃喝不到五分鐘，立即拉肚子！最遲在二十分鐘內，也會物歸原主加倍奉還。

我笑說自己應該去食品衛生單位工作，專作人體測試食物，絕對「百面準」！

頸部植皮手術讓我獲得寶貴經驗，真的絕對要少說話，慢慢飲食，勿張口過度做咬合運動，**翻身轉動時，不要運動上半身**。

醫囑交代後頸背上墊上硬枕頭，頸背間懸空，頭往上翹的姿勢。如此姿勢讓我很不舒服，經常頭昏眼花，眼冒金星現象，喉結壓迫呼吸困難，如魚刺鯁在喉嚨，無法放鬆入睡。

醫院進進出出，我成了手術房常客，開刀房護士已認得我模樣，常過來跟我打招呼，說不定哪一天，我燒成了灰，他們猶認得！

每一次手術都是與死神搏鬥。有一次，從恢復室出來剛回病房，我臉色蒼白呈休克現象，媽媽正巧趕到，緊急找醫護急救。

病房內見識死亡，心裡怕怕毛毛的，尤其夜晚僅剩我一床。

在隔離病房我遇過兩個死亡的傷患，兩人均不到一周時間，就多重器官衰竭併發肺部積水而死。

一位用餐時酒精爐爆炸灼傷。一般人不懂酒精爐的危險，故常發生意外事故；絕對不可在燈芯點燃時，添加或注入酒精填充液，否則後果很悽慘。

第二位是獨身的中年榮民，他與人結怨，對方趁他上廁所時，投擲汽油彈，火勢隨即引燃廁所內沼氣，一發不可收拾，他毫無心理準備，也無法奪門而出，真是慘！全身百分之七十燒傷，從手術房那兒推進來，不到一個小時，就掛了。生命無常，冤冤相報，最是可怕。

還有一位遭高壓電擊傷的司機，他在操作卡車卸斗機上升時不知已觸電，他將頭頸伸出窗外欲察看車輛熄火原因，此時其喉嚨已觸及車門窗，剎那間頸間遭遇一道感應電流，瞬間被一萬一千伏特的高壓電流給吸住，高壓電源進入身體，熱源經由身體竄流找出口，流到腳趾尖接觸導電體物質即爆裂放電，他所有的腳趾頭全部手術截肢才救回生命，真是慘不忍睹！

他身心痛苦至極，無法言語表達，無法正常進食，喉嚨插鼻孔管以維持呼吸系統，聲帶受傷無法說話，另從腹部挖個洞，作

引流管的灌食開口，用餐食不知味，心情可想而知壞透了，常對照顧他的太太發飆生氣。

有一次，他正在睡午覺，太太好意沒有叫醒他，就直接灌食流質。等他睡醒過來，太太沒有告訴他剛剛已灌食過雞湯，他自個兒淨生悶氣不爽，沒有人知道他在生什麼氣？又無法言語表示，太太找來護士幫忙了解狀況，遞一張紙筆給他書寫說原因，才知完全是誤會一場。

這件事讓我感觸良多，更懂得要惜福。

住院時，收到高樹鄉公所兵役課通知入伍服役令，大哥向承辦人員表明我已受傷住院；承辦人員說：「要有住院『診斷書』證明，才能辦理緩召及複檢體位」相關事宜。折騰了一番口舌功夫，才取得主治醫師的開立證明。

隔年，收到複檢通知單，我親自跑一趟三軍總醫院體檢，終於搞定「免役」。像我這樣燒傷嚴重者，若還能抓去當兵，那才是奇蹟戰士。

手部重建見識醫界黑暗面

有手比無手好，變形手比義肢好。基於生活功能，我要搶救雙手。打造雙手，搞定雙手，比什麼都重要，有了雙手能自力照顧，未來才能自食其力。

一九七五年九月間一個週一下午，媽媽帶著我到臺大醫院手外科初診，L醫師問：「你是怎麼燒傷？多久了？你去過哪裡治療？」待我一一回答，他端詳了一會兒，拉著手扳，扳開手指間

關節處，再按一按手掌柔軟度，又壓一壓手背疤痕硬度，左翻右轉看一看手臂正常皮膚面積，準備作為植皮取皮。

過了片刻間，整形外科林秋華醫師進來會診，又重新問一遍治療情形，對著臉部五官容貌仔仔細細的瞧一瞧，又按一按疤痕的彈性狀態，再摸一摸下巴與頸部間疤痕硬塊以及柔軟度，林醫師說：「你什麼時候過來手術？」

看診到此，我明白了，他是來會診的醫師，要幫我作臉部整形手術，是一場「美麗的誤會」。我會意後，即向林醫師說：「我要先作手部功能性重建，將來再擇期進行臉部美容性整形。」

媽媽與我二個人落寞的搭公車回住處，心情非常的低落。無法接受L醫師的看診與轉介意見，顯然地，他是間接的拒絕我，我該當怎麼辦？

陳媽媽關心的問：L醫師怎麼說？我答說：「他沒有說什麼。他看診後，林秋華醫師又來會診，之後就沒有了。」

陳媽媽說：「那也按呢？他到底是什麼意思？要幫你作手術？還是不幫忙？」我說：「我真的不知道！」

為了看診的事，媽媽心情煩憂，已經吃不下飯，陳媽媽與媽媽試圖找出癥結點。

陳媽媽說：「聽說要紅包？而且要的很凶，真是糟糕！」

媽媽說：「如果是這樣，那也只好去籌錢，不然怎麼辦？」

陳媽媽與媽媽訂出策略與行動，即準備紅包行動，專程到寓所拜訪醫師。「花叨插頭前，不通插後面」兩天後的晚上，媽媽與我提著水果盒，並在盒內塞了五千元當謝禮──以後門診，每次看完確認手術，我就送現金。

進市區巷弄，摸索來到中山北路二段L醫師宅，我開門見山說：「希望L醫師能幫我作手指分割手術，今日與媽媽專程來拜託L醫師幫忙。」接著又說：「癒後效果就看手術狀況，我不敢奢望回復原來的功能，但至少比現在有所改善，能自理生活就滿足了。」

　　半晌後，L醫師說：「是啦。你的情形比較特殊，要做好很不容易。」

　　媽媽接腔：「拜託L醫師，歹勢啦！不知禮數，包一點意思，請你收下。」

　　L醫師即時回應說：「是喔！恁真是厚禮數。再說嘛，有一些人不知禮數，不曉道謝。開刀後，嘛不知你是什麼人，按呢啦！下禮拜恁攏過來看門診，我安排開刀時間。」如此打通第一關關節點。

　　錢非萬能，但沒錢萬萬不能。媽媽跟公司回報，請他們付款。我與媽媽一顆忐忑不安的心，終於定下來，開始準備手術事宜。但是，我們只知道手術要錢，卻不知道病房床位也要錢。

　　T大醫院壹西病房，深深的長廊下，有著不能說的祕密（強索紅包）公開在流傳著，只要請教清潔工歐巴桑就知行情價碼。

　　不懂該住院總醫師「紅包」規矩要孝敬在先，我心急如焚苦等床位不明，足足等了兩個月多，就是等不到通知住院。媽媽按捺不住性子，每週去醫院問病床消息，總是得到院方一句：「沒有床位」

　　媽媽不死心，特地轉到病房內看床位。一瞧，床位有啊，卻是空在那裡！媽媽請教清潔的歐巴桑「床位」事，她直說：「要

錢啦！」歐巴桑這般指點，一定要疏通住院總醫師的「關節」，必須事先打點費用，才有床位住院。

他人矮簷下，豈敢不低頭。如此這般，往後每一次的住院前手術醫師與住院總醫師的通關費用，我就照例送就對了；直到最後期，住院總醫師定期輪值換人後，才停止這個送「紅包」動作。

災難後近一年時期，一九七五年十一月十八日我終於進住台大醫院壹西病房，隔日即進行右手大拇指虎口與食指，以及中指與無名指間黏結切割手術，另外取手肘右上肢內側皮層，約八乘十公分見方皮，作為供皮層植皮。

手指分割良好，一如預期順利，術後手指沒有發黑跡象，四周後，我順利拆卸下石膏，並且拔除大拇指上作為固定的十字形鋼釘、無名指上一字形鋼釘支撐物，主要係為插入骨頭中做「定位校正」用途。

第三天，住院總醫師說：「你可以出院了！」我一陣錯愕，不是說好還要動左手？人心不足，蛇吞象。我懂了，原來一次只給五百元紅包，他相當不滿意金額，要我立即出院。見媽媽心疼難過，我說：「好啦！就當我們在付旅社費，不然還能怎樣？」錢能解決的事，就用錢來擺平，不用欠人恩情。

歷史會紀錄下這些真實故事，有些人如何趁病患之危，以及違反學醫誓言。有一次，與整形外科醫師好友聚會聊起這段陳年往事不勝噓唏，他也認為這是很不好的觀感與陋習送禮，希望能夠有所改善風氣，並一起推動指定醫師費給付制度訂在健保項下為宜。

為了繼續住院，第四日早上，媽媽等總醫師巡房之際，已準備好五百元紅包抓在手上，說時遲，那時快，一個箭步趨前順勢將紅包塞入褲袋內。他故作虛驚一場收下，有嘴無心問：「情況好嗎？什麼時候開另一手？」

　　過了兩周，我計畫進行左手手指分割，一如右手的部位面積、分割方式及取皮層手術，復原情況良好無事可做，歡喜於十二月二十三日出院。

　　二度住院，一九七六年三月五日至四月六日一個月期間。我同樣進行兩次手術分割計畫，一為右手的食指與中指間，以及無名指與小指間黏結分割，二為左手食指與中指間，及無名指與小指的黏結分割。

　　三度住院，一九七六年七月八日至二十九日期間。我同樣進行二次手術，一為右手虎口與左手虎口的「擴張拉開」空間，重點在重建虎口的伸張功能放大效果。也就是說，之前的分割角度不夠「寬闊」有點狹窄，虎口仍然夾緊小小的「V」型狀態，在張合運動功能上有限性，若虎口撐開間距夠大，拇指靈活運動才能觸及點到各手指的端部，才有挾、握、抓取拿物件的功能。

　　四度住院，一九七七年四月一日至七日期間。這次進行右手食指關節及小指的放鬆重建，改善我穿衣服時卡卡的障礙。

　　五度住院，一九七七年十一月七日至十四日期間。這次進行左手中指第三關節與無名指第二關節的放鬆植皮，並且決定把左小指完全切除，因為已經反方向彎曲的過度了，再說也沒什麼功能，反而是有形的障礙。

　　二年密集時間，搶救手部重建手術大作戰完全告一段落，

屈指一算與醫院為伍的日子,合計整整約兩年的時間,共計有八次大小、程度不一的重建手術。距離災難日子即將邁入第四年光景,我看到曾經努力的成果以及媽媽的用心陪伴心情,讓我有勇氣建立信心及堅持走下去的能量。

二十四小時全天候戴著支架過日子

作完手術不代表功能就恢復,在我的看法,醫師只不過幫我作了一半的工程,而另一半的工程即復健工作,必須回到自己身上來。這個理念與經驗深深地影響了我在《陽光基金會》推動工作,於一九九〇年構想策劃「陽光重建中心」的籌備計畫與後續行動。

已經僵硬直的關節,缺乏彈性的筋骨,硬質化的疤痕狀態,要讓它恢復基本的運動與生活功能,需要一套專業的復健實務與操作過程。

我如何重建復健?將吃苦當作吃補,吃得苦中苦,方為人上人。

首先副木輔具製作及裝置工作,在L醫師的醫囑指導監督下,依據我要的復健部位與需求功能,進行個別化量度尺寸造型,由輔具技術人員特別為我設計與打造輔具支架的樣式,一周後就取件。

經過試戴合適後,再由醫師觀察病人試戴情形,以及教學如何操作與使用下,譬如材質、樣式是否合適、貼手、穩固?手掌接觸底面是否太硬?使用感受材質舒不舒服?焊接點是否牢固安

全？橡皮筋的支撐點角度夠不夠？確認可以達到醫師所要求的功能，並且依預期效果作修正或些許調整。

一天二十四小時我完全戴著支架生活，當中除了刷牙、洗臉、用餐、盥洗、沐浴、上洗手間之外，我的兩隻手完全在進行「拉手指」的動作。也就是透過橡皮筋的「拉力」運動進行矯正，將硬梆梆反方向翹的手指拉回成為握拳的型態；有如皇朝的嚴厲酷刑，在現代之間活受罪、受苦難。

我如何拉筋鬆弛？第一次，左右手各分成三組分別套皮件用力拉，即使用「牛皮套」套住各別手指，一為大拇指一組，二為食指與中指一組，三為無名指與小指一組，並且按照要矯正的方向、彎曲角度、彈性強度等拉力效果來衡量力道的大小進行復健。

牛皮套在一端的粗大橡皮筋牽引拉力下，手掌底面撐住點緊貼著支架輔具面，使之成為一體的點線面支撐作用，加上牽引拉力牽引下，形成一股向下彎曲作用的壓力，皮膚在壓力動作與直接磨擦下就會開始破皮流血，尤其細皮嫩肉處，還會有紫色凝滯的血暈現象，加上上下間作力，界面支撐點壓力的擠壓緊迫，導致手指腫脹現象，第一次看起來很恐怖、不舒服。

初始操作拉不到兩分鐘，就受不了酸痛與麻痺，要短暫的鬆開休息，但絕對不要超過一分鐘，以免失去持續復健的速成效果；另外，也要讓血液循環得以流通，以預防肌肉組織的淤血過度導致壞死。如此循環重建操作，自我摸索評估狀態，時時刻刻不停歇，日復一日，不分寒暑復健。

癒後完全不知道要戴支架作復建矯正，媽媽也覺得訝異怎會如此恐怖變形。後來聽從醫師說明指示戴上支架作矯正時，覺

得很不舒服又極為酸痛難過，短時間看不到立即效果，好幾度心裡想要放棄復健。但是，媽媽一再催促叮嚀不准我偷懶鬆懈，時時注視我有無在操作戴著手部支架。另一方面，自己思量利害關係，如果不積極復健，那我幹嘛要來開刀？

生平最大的痛，都已撐過、熬過來，這般復健的酸痛算什麼？何況當下的主要工作，就是要做好復健事情，不然耗在紗帽橋作什麼？我自我勉勵，暗示自己一定要堅持下去。

衣物棉被常沾染鮮血，晚上根本無法安穩入睡。好不容易睡著了，但午夜時分往往被支架的壓力知覺喚醒過來，只好稍微調整、鬆弛橡皮筋，或暫時解開釋放拉力，才能入睡一下，如此反復進行強迫自己接受。

配合手術進度及恢復狀況，我做了三套不同的手部支架輔具交替使用。我自己摸索將復健融入生活中，換句話說「復健生活化」就對了，當時環境臺灣尚且少有專業的職能（OT）治療師與物理（PT）治療師指導我如何重建復健。

今日雙手能方便做事，就是當時承受極度苦難的過程，以非人性的折磨代價換來成果。所謂天底下沒有白吃的午餐，也不會從天上掉下來好禮物！如果沒有積極復健，就無法彰顯手術功效。

我這九指變異好手，比裝義肢好上千萬倍。現在一般人做的事，我也能做，我會做的，也許你做不來，除了細膩的指甲功能不行之外。驚訝吧！

復健生活化，學習照顧自己，平日抓掃把掃掃地，握拖把拖拖地清理環境，洗米下鍋煮飯，拿菜刀切菜、剁肉類、炒菜、洗碗，拿筷子，端碗盤，抓湯匙，穿衣服、拉拉鏈、扣鈕扣子，拿

筆寫字，自己洗澡，擦屁股等日行事務一樣不少，我重新學習練習家務事，準備迎接過「獨立生活」。

擅用生活工具當復健重量訓練，為了增強手指與腕力之力道，我運用水桶增減水容量作重量訓練功課，還有藉著種花、搬運花盆、挖土壤等粗重動作，以活動筋骨增進體力，兼修身養性殺時間過日子。

第十年，我回鄉下，重新學騎單車、機車。我特意買一台偉士牌機車，訓練手指的旋轉力與手腕的扭力性，最後當然是學會開車不是夢。

敗部復活，失而復得，很滿意擁有一雙變形的「好手」，以及走出一雙行動自如的「好腳」。我做到了，我很滿意。

這些漫長的過程，看似不怎麼樣，但對於重建者來說，有著很不一樣的意義與價值，有著與一般人不一樣的感受。

看這段與雙手「拔河」的日子，以及與時間競賽的往事，每每思及苦難處，常使男兒淚滿襟，看這段「反生理」的復健過程，久久難以平息內心的激動，常常哽咽難言，卻是欲言又止。問蒼天為何對我開了這麼大的玩笑！

紗帽山復健面對新生活

「走路」救回我的人生，「走路」我找回自信心。

主治醫師說「要去復健」

媽媽問：「怎麼做？」

醫生說：「就是走路運動，或是泡溫泉，促進血液循環，讓

新增生的微血管暢通運行。」

　　燒傷者學習會走路是重生的第一步，而所跨出的一小步，就如人類跨上月球的一大步一樣有意義。學習走路表示著從新開始，如同嬰兒學步一樣跟蹌、艱辛、冒險，過程既快不來，也不能跌倒受傷，否則會傷的更加重。

　　走路，學習走路，燒傷治療一年四個月後，我開始進行走路運動計畫，前後走了四年的時間，欲罷不能，走路走出心得來。

　　一九七六年四月二十八日下午，我搬到陽明山下紗帽橋附近租屋以及復健。

　　這是一處全然陌生的地方，有青山、綠水，左右有紗帽山、中正山圍繞，視線好、景觀佳，從室內就可眺望前方的北投、關渡、淡水河、觀音山等景色。

　　走路，初來乍到，我不太願意面對陌生人以及好奇的眼光走向戶外被行注目禮，媽媽則三催四請要我出門去運動復健。

　　來到郊外紗帽山下，我鼓起勇氣，突破心理障礙，慢慢走向陽投公路上示眾。

　　首次出門試「走」，走不到五十公尺，就足足花了三十分鐘，即已渾身覺得筋疲力竭，雙腳步伐沉重，並且感受到肌肉似針刺、痛麻，無比難受這股莫名的感覺，頓時雙腳站立不住，趕緊衝向路旁的大石頭上坐下來稍事休息。

　　走路，有這麼好的周邊環境，我該好好的利用做運動。這裡人煙稀少，清晨有固定上山泡溫泉的人，從台北市區內包車接送，走到山谷溪澗泡溪流溫泉。

　　我喜歡這裡的氣候，在春、夏、秋間風和日麗，氣溫涼爽宜

人，約比台北盆地涼爽四至五度，冬天則東北季風入口，正是吹得冷風刺骨，感覺特別冷冽。

走路，這裡氣候景象多變，山谷間溫泉交流處有霧氣、水氣，有煙雨濛濛的山嵐景致忽隱忽現，有山雨欲來的雨絲飄飄驅散暑氣，有陣陣迎面的雲霧濃罩忽左忽右不定，瞬息讓人突不見來時去路，欲不知身在此山中之福氣相迎。

夏日常聞蟬聲清唱，夜晚聽蛙鳴鼓鼓啼叫，一時山間野鳥唱和四起，真是青山綠水好風光。我喜歡這樣的自然氣氛，我喜愛山林間生態系大鳴大放聲。

走路，路旁樹影搖曳生姿遮天蔽日，青苔斑駁、枯藤攀枝幹圍繞老樹，有山澗溪流小河相間，有人家，有古樹，老藤，枝椏，更有松鼠飛躍，穿梭樹幹間，觀其忽左忽右，縱上縱下，好不快活。有道是「留得青山在，不怕沒材燒」。

日日走路，大清早四點二刻即起，每日至少走六公里路程，不停歇練習腳力。

早上人車稀少，可避開一些奇異的眼光，而且減低心中莫須有的壓力。

一日泡二次或三次溫泉，全日戴著手支架副木輔具，作拉筋式放鬆運動，同時閱讀書籍，充實自己也殺時間，偶爾種花怡情養性，或與三五忘年之交話家常。

午睡後走路，再出門走一次里程，舒展筋骨散散心，夜晚則繼續閱讀喜愛的古典文學小說，這是我的新生活「自然治療」與「心靈治療」術，如此體驗多重療法，交互運作奠下厚實的生命基石。

走路，泡溫泉逾半年後，直覺復健效果很好，譬如說，上下車時，已不需要他人的從旁協助或扶持推拉上下，兩腿發紫、刺麻麻現象也獲得緩和、紓解。

受傷後，雙腳完全無法靜止不動站立三秒鐘，落實走路計畫，一周後，走五百公尺遠，二周後，走一公里以上，三周後，欣喜走入陽明山后山公園，度過一個溫暖的初夏半日遊，這是無比的精神鼓舞與實質的信心產生激勵。

失去之後，到處找信心！走路，建立起自信心，並且找回失落的心情。

走路、運動改變色彩，疤痕色澤從最初的紫色、葡萄汁色，漸漸轉變為淺豬肝色、慢慢轉色。

泡完溫泉、熱澡，疤痕紅通通，像小紅莓鮮紅欲滴，全身發熱發燙，刺麻麻的最為敏感，也最厲害，感受身體如千萬隻刺針在穿刺、芒刺在背，教人難受難耐。但是，還是咬緊牙關學習走路，促進血液循環系統往更佳之境邁進。

走路，一年後，觀察體力、耐力及毅力漸入佳境，從紗帽橋住處出發，率性隨意走到陽明山前山公園，有如囊中取物輕而易舉，再遠走到后山公園花鐘內，偶爾興之所至則任意繞路，尋訪六窟山徑小路，漫走湖山路步道，健走頂湖山區村落，甚至於最遠走向陽金公路，前往金山方向馬槽溫泉區，連續走上三、四個鐘頭，竟然不覺得累，忘了已走半日時間，忘了雙腳的刺麻麻感覺逐漸消逝。

三年半間，有如巡山員走遍陽明山周邊大小羊腸小徑山路，未曾迷路。

走路，體能狀態愈來愈好，心理上、心情調適上大有進展，亦漸漸地適應他人異樣的眼光投射，加上重建手術成功，輔具復建看見成效，雙腳刺刺麻麻強度感覺已減弱許多，這些一點一滴的小進步累積下來，同時建立起自信心。

　　看到這些小小成績展現，內心自是喜悅歡喜，總算有進步有成果。

　　行到水窮處，坐看雲起時，這就是人生。

　　遇難心驚，大難折磨，內心滋味五味雜陳，有如寒冬飲冰水，點滴在心頭。

　　走路，漫長重建對家人而言，有著萬般的心疼與不捨。看見，自己做到了，自己盡力了，就了無遺憾與失落之心。

　　有媽媽及家人一起同甘共苦的日子，說長不長，說短不短，一晃眼，四年多歲月彈指間溜走，這般復健搶救之路，何其漫長啊！

　　面對生命，論心情，有充滿期待與希望的力量，有人生無奈與意志的堅持，有看見成果與自信的建立，有噙滿淚水與忍痛的情緒，有獨嚐辛酸與痛苦的滋味，有守住孤獨與寂寞的生活，有憤世嫉俗與為何是我的迷網對話。

　　走路，在紗帽山，找回再出發的自信心，在陽明山，跨越人世的疏離障礙，在媽媽的愛，打開心房溫暖向前行。

　　走路復健，我做到了，我找回人生。「走路」我找回自信心。

　　遇到有溫情的人，看到我的情形，主動指點我，讓我留念至今。

　　有一年，我第一次搭火車回南部過年，從北投站搭車，開

往台北車站的途中，列車查票員在驗票時，告訴我說：「先生，你可以買半票搭乘」。我說：「不知道耶！」他又進一步解釋：「身障者搭車，可以買半票優惠。」真窩心。

那一天，在街頭巷尾相見，請不用害怕或驚嚇，我們都需要重新互相學習如何認識與相處之道。

在書中找到自己

貧者因書而富，富者因書而貴，我說：「傷者因書（閱讀）而獲得治療。」閱讀讓我吸收到知識、智慧與生命力，倍增心靈的充實與生命的豐富力，我在書中找到自己，也在書中得到定心養性。

一九七五年八月一日第二次出院之日，生活上除了收音機之外，我開始嘗試閱讀古典文學小說書籍，以消磨沉悶的生活與無聊的日子，讓復健人生更有附加做工的事情做，也不要讓苦悶的生活更加無趣的面對自己。

有一天，陳兄甫退伍回來的弟弟問我：「想看什麼書？我去買回來給你。」我想了一下說：「古典小說」再問：「你喜歡哪一類書？」我說：「皆可以。」

他買了《東周列國志》回來，一天閱讀五、六個章回，最快一天閱讀二十幾章回。

我愛不釋手，幾乎廢寢忘食，也忘了身體病痛，我讀過《三國演義》、《南北朝演義》、《隋唐演義》、《岳飛傳》、《水滸傳》、《蕩寇志》、《明史演義》、《清朝演義》，《西遊

記》、《官場現形記》、《紅樓夢》、《金瓶梅》、《聊齋誌異》、《厚黑學》等書。

下雨天打小孩！閒著也是閒著。隨著古書作者生花妙筆說歷史論事，有高潮迭起的動人情節，有綠林英雄好漢的相知相惜，有忠奸人物的投機巧言令色場景，真真假假、虛虛實實，讓我直呼過癮，並且忘了我的疼痛所在，只有更累的視力陪伴我消遙。

這些人物的個性與精神，活生生的映照在我心中，有值得學習與反思之力量，對於心理重建上，有很大的影響力與潛移默化的作用，正是給我很好的啟示與面對改變的力量。

看那朝代的興衰更替，歷史人物的起落浮沉，讓我心生感慨與沉思當下，學習沉澱自己與反求諸己。靜思這些古聖先賢、綠林好漢或販夫走卒，何嘗不是學習的好榜樣？也是人生對手最好的借鏡，更是知識的啟發，也是智慧的啟蒙。回首人生有幸與不幸，誰能保證平安無事呢？

夢裡尋他千百度，那人卻在燈火闌珊處。看書忘掉我的苦悶，整天埋在書堆裡，學到歷史典故來源，吸收到豐富的人生智慧，找回失落的靈魂。

說一則孫臏鬥龐涓的故事，他們倆是同門師兄弟，一同拜師鬼谷子門下學習謀略計策術，學成後下山各扶其主，也展開歷史上一場場轟轟烈烈的鬥智與殺戮戰場。

話說孫臏有一次被龐涓所困，孫臏在最後關頭脫逃時，尚且問他的僕人說：「我的嘴巴、舌頭還在嗎？」僕人說：「當然在啊。」從此他用三寸不爛之舌，與其通達智慧、膽識遠見及軍事長才，一舉打敗了龐涓復仇。

一句話改變了我，頓悟《紅樓夢》書中一句：「百年身後事，一副臭皮囊。」這句話，昇華及影響我對「表相世界」的憧憬，看清及改變我對「外表五官」的看法，認知真假虛實，超脫美醜價值。

　　簡單的說，我沒有外表本錢可恃強，我已澈底毀容面目全非，觀之現在的我，已重生再造如新，不敢奢望再有一張完整的臉。不用留戀過去的曾有，不去盼望不存在的事，說透澈終極一點，生命最後是黃土一杯覆蓋，灰燼一甕遺留子孫紀念，你我都一樣。

　　退一萬步想，天地依然大，我又何須強求事實不會改變，我接受這表相。

　　閱讀讓我心情安定，閱讀讓我心胸舒放，閱讀讓我看見未來。

　　看書變成生活的一大部分，也是生活的樂趣來源之一，當夜晚時分，我不再胡思亂想，或者是失眠睡不著。我靜下心整理受創的心靈，不再與孤獨為伍，不再放逐自己，我還有一群關愛的人相伴。

　　閱讀成為我一種心理治療的方式，幫助我找到人生的出口，引領我看到夾縫的曙光，並探索觀照心靈深處。

3 莊腳囝仔的成長路

一枝草,一點露,一個人,一款命。

媽媽說:「別人用走的,我得用跑的。」經濟拮据不怕苦,大哥、大姊及二姊自國小畢業後,全數被爺爺留下幫忙做農事。

單親家庭在大家族生活下,讓我們兄弟姊妹學習如何自我成長與互相照顧彼此的生活。

故鄉情與家庭愛

意外發生之前,我生活在平凡的日子裡,是個普普通通的鄉下小孩。

我出生於南台灣,屏東縣(舊名阿猴)北方的高樹鄉鹽樹村。家鄉門前以隘寮溪流為界,後面倚中央山脈為背。

三合院五間加二護龍如ㄇ字型的閩南建築,座北朝南,土地面積約一分大,成正四方形,屋前有個門口埕,屋後有個後院,建築材料為竹片木造、攪拌稻殼混合粗糠、土牆覆坯粉刷,地板為泥地打造,雨季時會潮溼不堪,屋頂為竹桁架覆蓋瓦片砌成,但年久失修,偶有漏水處。這是記憶中的老宅印記。

一九七五年賽洛瑪颱風,從南部臺灣海峽路徑狂襲,無情

的摧毀農村屋舍，首當其衝咱家正堂開天窗，屋頂被掀起一個大洞。隔年重建新屋，以加強磚造結構建築，基地前面的兩側舊屋也陸續被拆除，後續由二叔、三叔、四叔等相繼蓋起新房子，門口埕今成為長方空地，供停車及多方用途。

老宅前後院曾經種植楊桃樹、龍眼樹、芒果樹、芭樂樹、釋迦與檳榔，是孩童玩耍嬉戲的好去處。小時候常常隨手摘水果來吃，並用稻草紮緊綁腳帶充當輔具助力，再爬上高高的檳榔樹桿上挖「六姊妹」鳥巢、鳥蛋或抓小鳥飼養，當小動物寵物照顧。

我家是個大家族家庭，祖父母、母親、兄姊、三個叔叔、嬸嬸、堂弟妹等共同生活在一起，共有二十二口人之多。

自小失怙成為單親，甫過周歲與先父永別，這意外是家人難以承受的痛。

「如果不是倚靠著茅屋牆，就不會如此嚴重了！」二嬸惋惜回憶說。

事故發生於一九五六年的仲夏午後一場急時西北雨季，他與村人五、六位幫人插秧，眼見天空烏雲密布即將下大雨，大家立即躲入田園間茅草搭成的工寮內避雨。

說時遲，那時快，倏地一道閃電火光，伴隨一聲巨響轟隆隆，直接打中茅草屋，一群人隨即倒地哀號四起。

生性優閒的先父背對倚靠著牆壁休息，竟首當其衝遭受強力電擊命中，最為嚴重。大家慌亂成一團，不知如何急救，先父就此當場撒手人寰。

「你老父實在是真不值，家裡吃不好，又做到死。」二嬸以無奈又憐惜的口吻說。又說：「論容貌、身材、腔調與性格，就

你最像恁老父的神韻。」

　　小時候，很困惑？我以為父親到哪裡去了，為什麼還不回家？又不敢直接問媽媽，媽媽從來沒跟我們提過這檔悲傷事。

　　國小班級上常被同儕欺侮戲弄，鄰居的小孩推我、罵我、揶揄我，是沒有父親的小孩。我聽了很生氣！凍袂條！同年堂弟看不下去，就會挺身而出，一起找對方打架、警告示威。

　　單親家庭，心中存在自卑情愫，羨慕別人有父親相挺，我卻孤苦面對有歧視的校園環境與底層社會，這憂鬱心結直到讀國中懂事後，才漸漸地稍微釋懷，以及如何看待自己的人生。

　　困苦環境，至今難忘。大家族人口眾多爭食，農作物收成及經濟收入極度有限，爺爺手上僅有土地約二甲多左右，除了種植稻米供作儲備糧食優先之外，部分糶出賣稻穀換現金度生活，部分種地瓜養豬或變賣地瓜出售。

　　秋季二期稻作收割後，為避免土壤使用過度失衡，即種植間隔作物如地瓜、黃豆、木麻（作繩索）、花生及各類蔬菜自食。

　　農民最早期與台糖契作合約種植甘蔗，價錢最為穩定。甘蔗收割期最忙碌，小孩要幫忙看守牛車後，驅趕沿途偷甘蔗的人，一路跟隨牛車守到鐵道集貨場交差了事。

　　媽媽常言道：「吃白米飯，奢侈的事。」「給小孩吃些營養品，比登天還難！家裡缺少資金買肥料，稻米難以成長，又無農藥可殺蟲除害，收成就更加有限，加上水利溝渠不良設施，高灘砂石地乾旱、土壤也不肥沃，灌溉用水不足更為傷腦筋，還有稻米能否如期成熟及順利收成，最後得全部仰望颱風過後手下留情，給一口飯吃。」

沒錢買衛生紙，奶奶很厲害想法子，是為不折不扣的資源利用實踐者。她用紅甘蔗葉梗晒乾，將葉片剝開抽離後，只取中間的葉梗枝條可用處，再裁切成一小段約十公分長，好用來清潔擦屁股。

　　奶奶潔癖最愛乾淨，老宅室內土質地板最容易潮溼，她用爐灶灰燼屑以吸乾水分。她以竹製的竹籠當回收廢紙箱，再定期燒掉處理，教育晚輩不許有字跡的廢紙與一般垃圾混合燒，說這樣對先師不敬，會讀沒冊。她還教導我們回收破銅、廢鐵、酒矸、牙膏條，賣給資源回收者賺零用錢儲蓄。

　　爺爺管大事，不管小事，真正的管家是二叔。爺爺熱心廟堂文化活動，常與耆老商議如何管理廟堂，對於捐助蓋新廟非常熱中，既出錢又出力地方廟堂之事。飯後泡一壺熱茶是爺爺一大享受，喜好孫輩幫忙為他抓抓背。

　　二叔掌管理財家族事，會徵詢媽媽意見，決定耕種稼事作物。

　　媽媽想種植香蕉，請教過大姨丈如何種植及種苗價格。爺爺與二叔說沒有資金購買香蕉種苗，也沒有錢買農藥噴灑。媽媽說：「沒錢想辦法啊！不然這樣子，我把個人寄養的四隻豬變賣，錢貸給家裡買香蕉種苗。」

　　「埔姜崙」一甲二分地，全數種植香蕉。爺爺拿不定主意，媽媽與二叔商議決定。該地土壤適合，加上施有機堆肥，病虫害又少，長得枝幹壯碩、枝節茂盛又豎櫳，結果蕉串纍纍，秤頭又足重量夠。

　　香蕉豐收價格好，市場一公斤收七塊錢，平均一株重約二十餘公斤，可進帳二百一拾元，話說當年（1964年）遇上日本國舉

辦東京奧運會，一時需求量大增，台灣香蕉名揚國際。

辛苦耕種沒有白費，當年家庭總體經濟收入顯著改變，生活獲得好轉，媽媽收回借款銀兩。但媽媽的主意並沒有額外獎賞，依然過著苦日子。

家母治家嚴格管教如父，從小訓誡自立自食，一切得親手完成生活事。

國二時，家族分食各自自立門戶，經家族會議協議及抽籤方式，媽媽分得正廳房舍一排四間，田地五分。依傳統繼承習俗，長子、長孫應分得大廳及廚房灶腳為先，及多一份田產家業繼承。

叔嬸聯合陣線齊力反對到底，說道：已幫長孫娶媳婦，不應再多得一份田產。媽媽為顧及居住空間能好好分配，不再堅持居住選配位置，我們只好選在後院空地，另外搭起臨時棚架，蓋起小廚房與豬舍數間簡易屋。

媽媽說：「別人用走的，我得用跑的。」經濟拮据不怕苦，大哥、大姊及二姊國小畢業後，全被爺爺留下幫忙做農事。我最幸運，媽媽說：「你儘管安心讀書。我會盡力供給學費，就算沒錢也會借，我不要別人存心看咱家衰！我不識字，是真艱苦！」

媽媽很節儉，不捨亂花錢，要求我們一定要儲蓄「小錢不存，哪有大錢？」即使到現在她也是一貫的語氣「要節儉」「當花錢才花，不該花錢的，就別亂花，錢難賺」告誡我一番。

回想小時候，沒錢可以搭公車，媽媽帶著兄弟姊妹五個人打赤腳，大手牽小手走路回外婆家（里港鄉載興村），一趟路程約八公里路。

媽媽很會投資理財，她有一套傳統想法與委託作法。

她用積蓄買下小母豬仔，委託鄰居餵養照顧成大豬，雙方口頭約定未來分配方式，依照該母豬所生產的豬仔數來拆款對分小豬；這裡面有一個風險不確定數變項，換句話說母豬一胎會生下多少小豬是無法掌握的數量，生多就賺多，若該次生產少了，就期盼下一胎的心情；還有當期市場價格變異會影響整體獲利得之多寡數。

　　她跟「稻穀會」賺取期貨利差，計算基礎以稻穀台斤為標價單位。例如五百台斤單位，或一千台斤單位，約定以當期某日市場之報價交易價格，作為該次收受稻穀會定價之依據。

　　風險就是報酬，高風險高報酬，低風險低報酬。其實跟「稻穀會」有多重的風險性，除了底價競標之外，最怕會腳牽連落跑或會首惡意倒會不履約保證支付，還有隨著穀價市場及物價波動影響，價格也會有所落差。

　　人生無法選擇父母去投胎，無可奈何入世莫嘆息，有道是「落土三分氣，萬般皆由命」自疼惜，若將吃苦當作吃補，生命也就沒有什麼好遺憾的。

　　媽媽不服輸！不放棄！我從媽媽身上學到很多哲理之道，媽媽扮演爸爸的雙重角色，實在太辛苦了。

　　單親家庭讓我們相愛彼此，更讓我們學習會互相照顧。

苦中作樂的農家生活

　　家裡養一頭黃牛與一頭大水牛，每日一早，我負責清理牛糞間，以及到路上撿拾大小豬的排泄物回家作有機堆肥。

三叔放話說：「去放牛，否則沒飯吃。」放假日就要去放牛，我與堂弟兩人負責一頭牛，一人在前面牽引，一人在後頭拿棍棒驅趕牛。

家裡有四間豬舍，一間可養六至八頭豬，又可收集水肥。有養雞、鴨、鵝、火雞、兔子等禽畜，年節宰殺提供豐富的肉類大餐，小孩最喜歡。

小時候家裡養一隻黑狗，頭好壯壯，有一天跑出去田園，再也沒有回來。發現吃了野外被毒死的野老鼠，如此牽連橫死在甘蔗園內。

家裡還養了一隻貓，很盡職專門看守稻穀倉，但也讓人很討厭。經常偷襲我與堂弟所飼養的「六姊妹」小鳥。有一天將近黃昏，實在氣不過，我與堂弟三人合意抓著小花貓，就往鄰居的茅坑一丟，要狠狠教訓小貓。但小花貓一個翻身順勢縱身而起，從「米田共」上跳躍起來，我們一哄而散！

晚上用餐時分，大人找不到小孩回家。這三個調皮搗蛋鬼跑去哪裡？一旁爺爺早已氣得火冒三丈要問明原由，因為那隻小花貓早已帶著一身糞直接躲藏跳上爺爺的床鋪上，搞得棉被及床鋪臭氣薰天無一倖免。

在媽媽追問下，我一五一十地把事情經過說出來，當夜被狠狠地修理一頓。太調皮了。

之後，對於養這些小動物，我一概敬而遠之，也不喜歡自找麻煩。

當今城市小孩沒得玩的玩意兒，灌蟋蟀，抓鳥巢，釣青蛙，抓泥鰍、爌地瓜窯、玩彈珠、碰酒瓶口蓋、打陀螺、打彈弓、推

鐵牛車輪箍、拉橡皮筋、玩泥巴糊，踩罐頭罐高蹺，捕捉鵪鶉等，都是我的童年記趣。

我與二哥分工餵養家禽，家裡養雞、鴨、鵝、火雞，火雞養最大隻十三台斤重；小火雞最難照顧侍候，怕蚊子叮咬患病變成臭頭。常患有白喉病侵襲，食不下嚥情形，欠缺抵抗力就奄奄一息，二哥處理這病情最厲害，很有耐性的照顧生病的家禽搶救小生命。

暑假當起「幫農」角色，要出門去打雜挑擔，做一些簡單的家務事。

有一年夏季，我與大哥去荖濃溪（鄰近旗山、美濃交界處）下游河床沖積高灘地採摘地瓜葉工作，要以肩負挑擔走路回家，地瓜葉是要做為養豬飼料（一日吃二餐），從家裡出發到目的地，單走一趟大約一個半小時路程，來回全程必須要有體能耐力，又大熱天酷熱難耐是相當辛苦的差事。

每天要走一回採收地瓜葉。一早就摸黑出門準備去採收工作，這一路挑著地瓜葉行走需要體力與耐力，挑擔負重下，不知交換了多少左右肩的姿態，待回到堤防邊休息片刻觀察地形，準備挑擔橫渡湍急的溪流。

寶貴的一課，自信渡河有一些經驗，但這一趟差點要了我的命！

雨後河水漲勢翻滾又湍急，水質混濁不見河床地底，溪水深不可測，就經驗選擇一處習慣走的橫渡路線，自然由上而下橫著走踏斜線方向行，人身與地瓜葉一同順勢漂浮強行推拉越河，然當天下溪床後，才嘗試著踩踏踱步沒幾下，一個跟蹌踩空（河床

落差不一）觸摸不到溪河底，一瞬間被激流捲入漩渦打轉不歇。

眼看就要沖下急流險灘，我大聲呼救大哥，千鈞一髮之際，大哥一個回身迅速把我拉住在激流中載浮載沉，其顧不得自己肩上的地瓜葉險些被洪水帶走，硬是把我穩定下來，當下真是好驚險！

我嚇得要命，一時喝了不少黑雨水，也學到了如何在大水中橫渡激流。

若見溪水混濁流速大，千萬不可逞強渡河或猶豫不決不撤離營地，這表示山上下大雨，山洪溪水暴漲，趕緊逃離高灘地避險，或求救等待救援為上策。

稻穗收割時，稻穀花飛絮瀰漫，我身子過敏會起雞皮疙瘩，鼻頭很不好受，所以常常敬而遠之，但是，農事忙將起來還是得去當幫手打雜。另外也發現我有花季的花粉過敏現象，竟然楊柳花絮飛舞也是其中之一。

稻穀翻晒辛苦，要定時翻覆讓陽光照射曬乾，若遇午後雷陣雨最要命，一下子天空烏雲密布遮蓋，眼看著大雨即將來臨，得趕緊使用各式的農耙工具動手，全員分頭快速地收拾穀粒並且堆積成小山狀覆蓋上雨布，並且絕對要避免選地在凹陷的積水處，以免被下不停的雨水滲漏灌注進入，否則一季的全部泡湯，辛苦收成付之流水。

話說種植香蕉做苦力累死人，使用圓形鐵叉工具，選擇香蕉周邊適宜地上鑿一個小洞穴，再放入竹竿（浸泡過柏油）做固定柱子，做為香蕉體支撐架扶助，以避免颱風吹襲時容易倒伏。

人小力氣有限，只能夠負重肩挑一叢重，一般一長串香蕉的

重量大約二十公斤左右，以我當年體型必須切成對半挑擔才能行走（拖地），要走田埂路到集散場有好幾里路的路程，走遠路走到腳軟氣喘吁吁無力氣，這脖子拉得長長的像似長頸鹿樣，實在是累。幾趟下來力氣放盡，肩膀紅腫又破皮，莊稼人辛苦收成，我感同身受苦力吃重，也成為逃兵者之一。

看人挑擔不知重，自己試看知氣力。

常與大哥清運水肥，弄得全身臭臭的。沒錢買肥料施肥，常用養豬與人類的排泄物作有機肥料，故要定期清理茅坑，否則小池子遇雨必爆滿外溢，就如水漫「黃金」道，鐵定很慘！

有一次，大哥腳步還沒站穩，一個不小心，整個人滑落下去！這下慘不忍睹！農家子弟就是勞碌命，要看天吃飯，也得靠運氣做工！

發現對於從事農耕工作我沒興趣，而且與水稻粉末有過敏不適應的問題，想出去學習技能，找一份有技術性的職場工作，想去追尋自己的憧憬、志業，希望在當兵之前有一些歷練學習與磨練機會。

赤腳走上求學路

清貧家庭，有三餐已不錯。打赤腳上學是常態，穿一雙鞋子，穿破後再補，補過後再穿，穿到破大洞，掀了底還是勉強，等到分崩離析，沒得補時才會報廢丟棄。

穿新衣戴新帽是過年的事，經常穿中美合作的「米粉袋」，經過回收裁製作成褲子，簡直活像廣告招牌到街上跑。穿木屐

鞋，鏗鏘作響，底部再嵌入鋼鋸片，夜晚觸地磨擦就會發出火花金光閃閃，很帶勁又閃酷。

窮困人家！一家族好幾口小孩要上學，沒有固定的經濟收入，多餘的錢可以繳交學雜費，級任導師天天在催收。第二堂課後，回家跟爺爺要錢，爺爺悶聲不響，獨自蹲在門口埕前，片刻後才說出：「沒錢」

空手向老師報告：「爺爺說家裡沒錢，要等出售豬仔才能繳費，請老師寬限。」經常是撐到學期已過一大半才能繳清費用。

大家庭有五、六個小孩同時就讀小學，家族的經濟收入來源，得全靠農作物收成，或飼養豬、牛等財貨變賣過生活，平時大人及小孩生吃都已不足，那有餘錢儲蓄提供小孩好好讀書，對農家子弟是談何容易的大事？

艱苦年代，能混到小學畢業，已屬難得成績。環視周遭同學，有一半讀到三年級就「中輟」再見了。那年代完全不知道為什麼要讀書？與二哥、堂姊、堂弟妹全擠在客廳的一張小桌共用讀書、寫字。一盞微弱的四十瓦日光燈常常引人入睡，環境空間很擁擠，要搶位置趕寫功課，十分痛苦。

晚上自習，二叔一旁督促看管，不許偷懶或打瞌睡。他外出回來到門口埕常常乾咳數聲清響，久而久之學會聽聲音辨方位，各自正經八百看起書。

媽媽不准我們晚上出門遛躂或看野台戲。「讀書人，不讀冊，看什麼把戲？」媽媽說：「不識字，真痛苦！可讀書，你不讀，害你自己。」

那年頭教學方式之一霸凌學生、威權相伴，老師體罰學生沒

錯，使用暴力是天經地義的行為，好像棒下會出高材生來。

　　李老師個子不高，體型中等，戴一副深度近視眼鏡。經常隨堂要同學上台演算數學以驗收其成果，若當下不會，就使出種種招牌動作，濫用暴力處罰及羞辱學生尊嚴為先，真是糟糕透頂的下策模式，是最壞的示範教學方式，我很討厭他如此霸凌學生，我就是苦主之一。

　　招式如下：第一招，彎曲右手中指，當頭一記「敲頭殼」猶如雷擊痛。第二招，用細竹節條子直接抽打手背肉入骨，讓人痛澈入心扉，暴力過頭還流血不止。第三招，頭部頂水桶姿勢並罰跪課堂上到下課才結束。第四招，同學罰跪（膝蓋）在講台邊的尖鋒邊緣處，形同虐待狂處罰，膝蓋會淤血相當不舒服。第五招，雙手抬舉高、半蹲式，形同半蹲馬步姿勢！

　　我的母語不能說，說台語也不行，被抓到要罰錢，背不熟九九乘法表，放學後老師留下來重複練習，直到跟上進度為止。

　　背書及數學我是大白痴，加減乘除、代數演算經常混亂沒有邏輯性，李老師點名要我答題，我不會，他咬牙切齒從台上衝下來，在頭殼上狠狠地敲打兩、三下，對我教學像仇人似的，真的有必要如此嗎？

　　我咬緊牙關受罰，內心如驚弓小鳥，抱頭以對完全沒尊嚴。從此我完完全全放棄數學課，無法專心聽講，並且視為畏途。

　　面對這種教學方式與學習品質，猶如地獄般生活不為過！

　　黑白的班級生活，我無法忍受這些人。有樣，看樣，沒樣自己想。作威作福的班長常藉故羞辱刺激我，加上男女同學打鬧、出手傷人、暴力相向行為等變本加厲有之，如此學習環境在班上

我變得閉塞、孤單、無助，沒好心情上學，除了同村幾位鄰居之外，沒有值得我留念的同窗做伴。

沒補習，迷迷糊糊跟著報名升學去，吊車尾考上「縣立高樹初級中學」，考六十二分，比錄取分數多二分。老師說「考上初中就請客看電影」。他依約帶同學看「封神榜」影片，這是第一次受到獎勵，也是第一次進電影院享受獎勵，才知到看電影是這個樣子。

臺灣教育改制為九年，國中讀高樹國中，離家約五、六公里路遠。大姨媽知道我上學沒車可騎，特別送我一輛二手的小型腳踏車做為代步，夏季大雨，刮颱風，冬季大霧迷路，騎車最危險痛苦。這三年不分寒暑風雨，畢業時獲得一個全勤獎。

媽媽煞費苦心備料便當，又深怕三叔、四叔及嬸嬸言語話多，特地自己花錢買生鮮鴨蛋，親製「鹹鴨蛋」備用。帶便當很簡單，與二哥平分一顆愛心鹹鴨蛋，加青菜、蘿蔔乾、花椰菜乾，有時僅只裝米飯，中午再到福利社買豆芽菜湯加上烏醋醬汁佐料，一碗只花五毛錢，口味覺得美味。

大家庭人多嘴雜，有人心裡認為你家生產力少，又大小食客人口很多，經常冷嘲熱諷對待，酸大話中又帶刺，酸言語夾帶歧視，總是充滿廳堂角落，這態度讓人難以忍受，這長幼也不敢回嘴，只有忍氣吞聲以對。但是，心裡就是不舒服。

單親家庭要在大家族中過著有尊嚴的生活，從我的過去經驗確實不容易，相反地練就出「出門看天色，入門看面色」的功夫，識時務者為俊傑。

教歷史的駱老師來自中國北大歷史系，隨國軍政府跑路來

台，說一口濃得化不開的北方腔調，上課老是聽不懂他在說什麼語文？例如，「石器時代」念「殺去死胎」，「黃帝的兒子」念「盲弟的惡子」聽得霧煞煞！

鴨子聽雷！上他的課很吃力，完全聽無伊嗲講什咪碗糕！考試當然全部「滿江紅」的紀錄，實至名歸，只能說學校為何找這般老師來誤人子弟。

國二成績分到中段班，新來的一位梁老師教理化。他教實驗課很靈活，作實驗生動讓同學了解原理與化學現象，及應注意事項，讓同學親自操作試驗以得出結果，不用死背一堆有的沒的東西。

老師教學很認真，一手插腰際，一手寫黑板，頗有紳士風采，口齒清晰明瞭，但觀察其臉上常有一副痛苦表情。老師直言說：患有「胃潰瘍，痛起來很難過。」一學期後，再也沒看到他，聽說轉到旗山農校去。

這是英文基礎工夫，教授方式影響學習效果。

國三上，英文老師圖文並茂教學，受益良多。為教好正確發音，他製作音標唇型發音圖表，一個字、一個字的教學發音，不厭其煩的重複練習，務必學對正音、學好發音方式教授，真是感動到沒齒難忘。

成績像似在倒吃甘蔗，愈讀書分數愈帶勁。

國三下，被重分配到前段班。級任導師梁永良，是英文老師，到這一班沒有多久後，頓時感受到升學壓力如千斤頂般沉重。文法課讓我了解文法的重要，但很可惜，我已跟不上進度，過去文法課程，沒有好好把文法基礎打好，來到這個班，當下就

顯得很吃力，聽的很痛苦、錯亂不堪。

沒錢買，遺憾事。小學、初中都沒有錢買畢業紀念冊，從來未參加過畢業旅行。人講：「生吃都不夠，哪有得晒乾？」三餐衣食捉襟見肘，哪有錢買這些！所以記不得有那些同學大名，更不知有無召開過什麼同學會。

那是那個農業時代大部分人家的宿命。

一九七〇年考上「省立潮州高中」，成績二〇六分，比錄取分數多六分，還是吊車尾的成績。二哥通車到屏東市區就讀私立高中，媽媽擔心二人讀書費與生活費負擔更重，該當怎麼辦。

第一次離家到遠地就讀，帶著簡便衣物行李與媽媽道別，搭客運到屏東火車站，再轉火車到潮州。學校離家約五十公里外，日近黃昏，在火車上心裡難受，一時思家情緒翻攪，莫名的依依不捨在心上推擠、淚如雨下。

與同學約好一起租房子，學長幫忙找到一處台糖員工宿舍為日式房屋，每月伙食與房租費加總起來約四百元固定開銷，一切省吃儉用控管生活費。

高二暑期學校要上輔導課，想找個安靜的地方讀書準備聯考功課，約好與蔡同學搬家一起租屋，搬到鎮區郊外「明心堂」住下來。這地方，常住帶髮修行的姑婆與住持共生從事農作耕地，他（她）們有造產田地完全自立自食生活，於收割時，幾位同學年輕人就幫忙粗工抬穀包工作。

三餐吃素，吃到腳軟。剛開始覺得食物新鮮尚可適應，兩個月後，覺得不對勁了，飯量愈吃愈少，從初始的三碗飯，到最後吃一碗飯量。

真的吃膩了，與同學到外面吃些葷食補充脂肪，並添購魚肉罐頭帶便當用。畢竟年輕需要肉類營養補充體力，均衡飲食比較好維持能量。

後方有「沼澤林地」，種植椰子樹及育苗植栽園區。我很喜歡這裡的氣氛，椰影搖曳生姿裟裟作響，聽飛鳥穿梭林木濃蔭，見陽光射穿枝椏落葉，沉醉一束煙霧迷濛，真令人心曠神怡，好一處世外桃源溫書地。

媽媽說：「大學沒考上，就留下來種田。」但家裡就一丁點的薄田，我又不喜歡繼承農業事，再三思量自己的未來，應當出外尋求適性發展，嘗試自己有興趣與能力的事做。

「萬丈高樓由地起，英雄不論出身低。」這是我與二哥互相激勵的佳句。

努力向上，絕不辜負家母的苦心，也是我對生命的承諾與願景。

人生轉捩點

一九七三年七月一日、二日大學聯考考完，接著四日、五日參加國防部軍校聯招。大學聯考成績不佳，只考兩百三十分鐵定落榜。但軍校聯招成績可以上政治作戰學校政治學系，惟家人不贊成，只有爺爺認同。媽媽說：「要讀軍校，一讀十餘年，太長了，不要去。」

報考前，我沒有與媽媽商量讀軍校，我認為讀軍校沒有什麼不好，初中同學有去讀士官學校的，也沒什麼不對勁。我考慮家

境，又沒有多餘的財力可去補習班準備重考，只好選擇進可攻、退可守的策略，以軍校作為生涯規劃起點，但功虧一簣只好作罷。

放棄上軍校，心情五味雜陳，很有挫折感。心想農稼耕作田產事，讓大哥去耕種綽綽有餘，若我再留下來，充其量是個「幫農」角色，浪費人力而已。心意已定我開始嘗試找尋工作，四處去應徵面談機會，留意政府職訓班。

十月底，機會來了，鄰居來訪說：「桃園某家電子公司在徵作業員，要不要去試試看」，什麼樣的工作？我不清楚內容。鄰居沈克強先生在這家公司當總務工作，鄉親嘛！也就如此答應了。

村上五個人擇期一起搭車北上報到上班，隨即分配到不同單位與生產線工作，有庫房、切銅板房、助焊工，我在蝕刻組。沒幾日，有人做不慣，另找工作出路。

PCB廠房內空氣品質很差，化學物質（氯化鐵、丙酮、硫酸、鹽酸、油墨、助焊劑、香蕉水、草酸等混合）氣味很重又濃，第一次聞到刺鼻的氯化鐵及鹽酸的混濁異味，讓人很不舒服，頭暈想嘔吐，眼睛酸酸的感覺。

抱著既來之，則安之的心情，暫且安頓下來，盤算再伺機換工作，另一方面等徵兵服役期到，高中畢業五技而窮，要找到適宜的工作恐非容易事，況且一般老闆也不願意雇用等待兵役的人力來工作。

陳組長帶領我簡略的介紹作業員工作，即交代同仁指導我如何用油墨修補斷線的線路板及相關組內的工做事項，對於勞工安全衛生防護知識，沒有任何的工安講解及職前訓練事宜，完全自生自滅、自我摸索學習。

工廠生產印刷電路版，又稱PCB面版／單面板，是近代電子科技發展運用最廣泛的線路面板，包括電子類、電氣類以及電機類，如電視機、收音機、電子計算機、電話、交通號誌、高精度NC車床、電梯等，作為電子零件間系統迴路及電路回饋的連結機體板。

工作單調又平實，一九七四年勞工工資月領薪資新臺幣壹仟貳百元，收入非常的微薄有限，只有節儉過工廠生活。

萬萬沒有想到，這樣平凡的日子，在一場爆炸後完全粉碎美夢人生。

迄今仍然不知道真正爆炸的原因，這家黨營事業公司還欠我一個完整的交代事由，而且在九年後還不乾脆只賠新台幣壹百萬元，太便宜它們了。

這場意外，改變了我的一生；這場意外，讓我展現新生命活力；這場意外，讓我面對世俗的挑戰。這個意外人生，讓我展現不同的生命意義與存在價值，並達成馬斯洛大師「自我實現」的願景。

④ 親情與愛情

一生一世感恩生命中的三個女人，媽媽，前女友，妻子—淑女。

這三個女人影響我一生至深。她們的厚愛，在不同的生命階段，陪伴我度過生命的谷底，充實生存的慾望戰鬥力，積極幫助我走出健康的生命，而且發光發亮於世人前。如果沒有她們，我將孤苦一生，我將如黑夜不盡！

全家總動員

從受傷的那一刻起，全家總動員，一起分擔苦難。媽媽照顧我住院，一時在台北也人生地不熟，又缺乏支持性的資源可資運用。在住院急救期間三個月，公司在石牌榮總附近訂一間小旅社房間，解決安頓媽媽住宿的問題。

媽媽夜以繼日，不分寒暑，不論颱風下雨，每日來回旅社與醫院之間行走，為我準備水果及營養補品。經常提著大包小包到病房照顧我，例如柳橙汁，我喝最多了。媽媽說：「吃個幾牛車的量，絕對是跑不掉的啦！」

媽媽的心，裝滿無盡的愛，她讓我心裡頭有股踏實的安全

感。在家我排行老么，兄姊又愛護我，從小就備受照顧。

　　二〇一五年，媽媽九十四歲，有老人退化性行動遲緩，聽力衰退為重聽，其他身體還算不錯，這些年一直都與二哥、二嫂家居住及照顧最多，偶爾回屏東老宅短暫的生活，聽她的聲音猶洪量如昔，飯量也不錯，令人欣慰。

　　媽媽的愛，一輩子銘記在心，時時感動在心。

　　話說大哥與大嫂正忙著田園農事，當年家裡有三個尚未入學的小孩要照顧，他根本無暇留在台北陪媽媽與我，便利用每週末搭深夜火車北上（搭十二小時普通車），如此南北來往兩地跑，以探視了解我的病情進展。

　　當時鄉下裝電話的家庭不多，一般人還是裝不起電話機，仍以書信或打電報聯絡居多，或者就是到村內的商店家，借用電話接聽。

　　想知道我的醫療復原狀況，當下並不太容易。為了我敷藥後經常的發高燒不退，大哥好幾次硬是扛著一大布袋的椰子上來。這些椰子是大姨媽家的果園摘來的，部分鄉下人深信喝椰子水是有效的退燒方法之一，當然不能缺席野人獻曝之舉，也是一種愛的大放送表示。

　　有一次，他照例扛著一大布袋的椰子，從屏東搭火車到台北。但運氣不好，被迫負重走了一大段道路，因為當天是雙十節，從博愛特區到台北火車站間實施安全管制，火車在萬華站停靠終點。

　　不知情的大哥提前下車後，一時不知該如何轉車換車，又身上揹一大布袋的粗重椰子，只好沿著火車道旁（中華路）道路一

直走，最後走到忠孝西路上希爾頓飯店前的站牌，再轉搭公車到石牌租屋處找我。

從小到大，大哥就很照顧我，疼惜我，這般能吃的、能用的、能帶的，他總是毫不吝嗇的邀我一起分享，分送給我。有一陣子，大哥迷上吃野味山產，每當我回南部過節或度假時，他特地開車到六龜鄉荖濃村採買山產回來。

他的關愛與真誠心，讓我這個作弟弟的無話可說，尤其在我苦難的當下力挺，更顯得彌足溫暖與珍貴。

大姊打從我受傷的那一夜起，就一直陪著我，平時下班後及例假日，她從新莊趕路換車到石牌探望我，並且送來雞湯或高湯補品，看顧媽媽噓寒問暖，寸步不離陪著媽媽聊聊天，分擔及舒緩媽媽的壓力，給予精神上的支持。

家是最好的避風港。大約四年後，復健已有成效，我離開復健療傷的地方（陽明山紗帽橋），搬到大姊家開始過新生活。

我嘗試接觸外面世界，早上去新莊傳統菜市場買菜；到臺北市股票券商公司幫姊夫辦理買賣交割事宜；帶著小外甥到西門町去看電影；定期回醫院看門診追蹤治療。這些過程是我學習適應社會的第一步，也是我改變的開始。

遠在高雄的二姊，忙著她的小小販賣工作，要照顧三個小孩與家庭。有好一陣子，我沒有看到她。有一年，我能走動回家過年時才看到她，姊弟久別再見，心中自是激動與不知如何說什麼好。

「你的頭髮是真的還是假的？」好久不見的二姊夫端詳了半天問我。

「當然是真的。」我回說。

他又說：「長得又濃又黑，不像真的。」

頭髮已被燒得一乾二淨，剪除後重新長成這個樣子，我沒有特別去理它。

二姊個性比較率直、憨厚、木訥，不善於表達自己內心情感於外，平時只顧忙著家務事工作，鮮少有機會碰面話家常，以她的生活環境條件，要自顧尚且不暇，哪能須臾離開探望遠在一方的弟弟與媽媽？

守護家園，二哥感應。遠在馬祖服役的二哥來信問起大姊，為什麼一直沒有我的訊息？又那麼久沒有寫信給他。平時我常與二哥書信往返，互報平安問候。他說我受傷沒多久時，他即已察覺有異，並且有所感應不妙，直覺有事發生！為何我那麼久都沒有寫書信給他，他只好寫信追問大姊下落。

第一封信，大姊不敢明說我已受傷，但在幾次信件後，二哥再次追問，在不得已下，大姊只好告知說：「明里重傷住院中。」

二哥知道後，寄來所積蓄的軍俸餉銀，託付大姊買營養品給我。

一九七五年十一月二十六日清晨，二哥退伍搭軍艦在基隆港口靠岸下船，約定與大姊會合，直接趕到醫院看我。此際我正好T大住院進行手部重建手術，他正視看到我的那一刻，早已渾身不舒服，站不住腳，淚眼模糊。

我看到他亦如斯，心頭情緒有如翻江大水洶湧激動，無量傷感，兄弟見面淚眼相對不知從何處說，佇候一旁的媽媽相望無言，早已禁不住淚眼汪汪，一家四口人久別重逢，淚如雨下難以

抑制停止思緒，情緒起伏哽咽為之語塞，不知如何述說起這段悽慘、漫長的搶救生命大戰塵事。

自己受傷，軍中事件有誰知？二哥說：「我發生事故前沒多久時，他在軍中出公差，也不慎手肘誤觸車輛的排氣管，遭致燙傷並有破傷風的情形，一度情況危急。」他沒有寫信告知家人意外燙傷事，所以我們完全不知情。

有全家人的精神支持與行動關懷，讓我得以在最脆弱的時刻，還有一處最溫暖的避風港及最堅強的堡壘可待下，這是我的福氣，也是我們家最寶貴的資產。我看到，感受到，全家人用愛共同承擔，一起分擔我的苦難，全家人用呵護與包容，真心接納我的不一樣，用行動陪伴我，一起面對新生活。

傷後的第三年，第一次，春節回家，幾乎所有的遠親與近鄰都來探視，讓我十分感動。媽媽忙著向大家說明治療過程與重建計畫，親友個個為之鼻酸，講到痛苦難過處，大家相對無語恰似欲語，更不知如何來安慰我。

除此之外，三個年紀只有三到六歲的小孫子，知道怪叔叔回來，竟然全部賴在鄰居家，害怕到不敢回家吃午餐、晚餐，一直躲到晚餐都沒有回家。

想不到撼動我心弦的感動時刻，對小孫子而言卻是震撼教育的一刻。

論說他們只是小孩子年齡，沒有人向他們細說怪叔叔怎麼會燒成這樣？他們如何接受如此面貌者的出現？並且與之短暫的相處寒暄，又如何了解怪叔叔到底發生了什麼事？他們沒有機會學習如何面對「最醜的怪叔叔」回來。

天晚了，媽媽只好四處去找他們回來。媽媽說：「過來，不用怕！他是咱叔叔。傻孫子，他又不會怎樣，叔叔他只是身體外表受傷了。再過幾天，叔叔就要與阿嬤回台北住院動手術。叔叔已經好久沒有回來了，這一次他回來省親，嚘呼伊知咱大家對他的關心與鼓勵，要他放心，不要擔心。」

大哥的朋友偶爾會來家裡閒聊天。有一次，客人來訪，大哥介紹我給客人認識：「這是我細漢小弟，他燒傷了，最近才回來。」大哥不會刻意叫我離開，我也靜靜的留在客廳沙發上休息，心想我沒有什麼好躲藏的，也沒有什麼好害怕的，若要談什麼話題有關於我，我也不在意他人的探詢了解。

這是我的家，是我最好的避風港。家人不會要我走開，他們尊重我。

接納是一帖有形的處方良藥，您的一舉一動都會在對方的視線下，產生不同程度的火花與真實的感受。

只想說聲謝謝妳

認識她，是我的福氣，失去她，是緣盡，無份。

入工廠逾半年後，我開始交女朋友。有道是近水樓台先得月，向陽花木早逢春。她的工作區就在我的下線單位，天天都會看到她。

有一天，我輪值上晚班，她從宿舍下來，走到廠房內的飲水機取用開水，她走到我旁邊停下來與我聊天，兩人聊的很愉快，就此一聊，愛意與心儀相互滋長蔓延開來。

聽聞公司內有同事追她，但她沒有回應追求者。

有一次，我故意問她為什麼？她冷冷地說：「不喜歡。」她平常話不多，但很有主見想法，是一個自我要求很高的人，也是很有個性的人。她不喜歡與人論長道短話長舌，更不會閒言閒語道是非者。

初認識後，只要我輪值小夜班休息，她總會過來陪我。這平凡的友誼發展與相互關愛，讓生命有了轉變。

有一天我問她：「下班後做什麼事？」

她說：「做女紅刺繡。」

我說：「黑矸仔裡裝豆油，沒得看！」

有一天，她特地拿一幅「永結同心」刺繡讓我瞧，真繡工精緻好樣也。

有一次，她問：「今晚是否有空陪我到夜市？」

我說：「不想去。」

她聽了轉身就走，我連原因都來不及回話就走人了。

這一天，我與夥伴去過附近的學校打籃球，身體好累！其實當下我很愧疚，不能陪她去逛街。隔日我向她說明原因，她欣然接受我的坦誠以對。

來自兩個不同家庭，成長環境、個性背景、價值觀、生活習慣、學習經驗等都有很大的差異要磨合，要在短時間內接受彼此，學習如何相處，並在試探中一起成長適應，確實需要時間來調整心態，也需要付出耐性。

一向認為自己很有個性，我不要求別人為我做什麼事，凡事自己來，培養獨立生活態度，做自己喜歡的事。她誠心真情相

待，讓我好生感動，備覺窩心。尤其在異鄉生活，頓時有了不一樣的日子。

在情感上有她相伴，在心靈上有她依靠，更顯生活充實與溫暖。她踏入我的生活裡，我開放心胸讓她進入我的真實世界。我喜歡她的真實及獨立個性，也深深被她的特質所吸引。

在事發第一時間，女朋友即時跑出廠房外，看不到我的人影出現，即四處找尋我，果然我也是重傷者之一。隨後她趕到醫院陪我，直到媽媽與大姊趕到病房，她又陪著家人忙裡忙外處理事情。

每逢例假日，女友總會來探視我。這時可以看到她、聽到她聲音的短暫時刻，讓我的心情得以舒緩放鬆一下，心靈獲得安慰。她帶來同事的問候與關懷，告訴我公司處理事情的態度與動靜，幫我代領薪資，再轉交給媽媽。

有一年除夕，女友下班後，特地從桃園趕過來石牌陪我，直到深夜時分，她才依依不捨離去，趕回嘉義大林過春節。

她對我至情至性，真情付出，默默相待，有她陪伴真好，她讓我感恩一輩子。她的摯愛，讓我至今仍感動於她的付出，終身難忘她的友情。三年半時間，她用行動陪伴我走過最黑暗的時刻，從苦難中走出人生不可承受的谷底，也使我受傷的心靈不致枯萎。

醉過方知酒濃，愛過方知情重。在愛情中，我深知人生難得紅粉知己，在生命中，我視她為不可多得的摯愛。交往時，深深的被她的一言一行所吸引；在治療痛苦時，我依賴她的心靈支持，她是我重建生命力的貴人。

短暫相聚時刻，時時溫暖在心，尤其在苦難當下，備感彌足珍貴，這份愛，這輩子永難忘懷，反之我常問自己，我何德何能，受她深情厚愛？

　　要等哪一天才會好轉？何時結束治療？會不會誤人家一生？我內心壓力很大，矛盾衝突時起，一方擔心手術癒後情況不如預期，到時候怎麼辦？一方想說女人青春有限，當下我又不能承諾什麼！每每想到這裡就無解，感嘆造化弄人，世道無常。

　　愛或割捨？矛盾衝突慢慢入侵我生性樂觀的想法與態度，漸漸地影響我的思考方向。想想這脆弱的身子，想想這副光景模樣，我是「台灣最醜的男人」一切得重新再來，就如嬰兒學步開始。我能怎麼辦？

　　我有什麼能力照顧她？這般自卑情結如利刃穿心，不自覺已然劃出一道鴻溝，也埋下無形的陰影，我懷疑自己的未來，我沒有信心再與她走下去。

　　情漸淡，心變酸。我必須讓她知道我的想法，而且儘早告訴她實情心境。這意念開始發酵與催化形成。然而，說容易，做時難。

　　兩地遙遙又搭車交通不方便，情愛逐漸由濃情翻轉淡泊。

　　療養復健後期，她逐漸地較少上山來相會，我只能與她書信往返訴說心情與一些想法。我曾在信裡說：「我不想把自己的痛苦，建築在他（她）人的快樂之上。」再說：「我現在孑然一身，五技而窮不堪用，無一技之長可維生。」

　　過目之事，猶恐未真；背後之言，豈能全信？然當下心慌意亂！不知真假？不知陷阱？不知是何意？

沒多久，甫接到同為好友來信說：「她即將訂婚，請好自為之，期望早日康復，多保重。」一時之間我愣住了、心慌了！

　　晴天霹靂，狠狠的一棒，重重的敲下來。我悵然若失的跌坐於木板床上，我挨著牆面懊惱頓足不已，既傷心又自憐起來，當下不知如何是好，但又急著想當面向她求證這帶話之真假實情。

　　終於，我顧不得自己的醜態與卑微身形，連夜搭車趕到桃園公司警衛室欲找她見面，希望當面向她問個明白。半晌後，猶不見人影相見，夜深了，她託人帶來一張小紙條寫著：「回去吧！改天再去找你。」

　　「東山飄雨西山晴，道是有情是無情」，「儂本將心託明月，誰知明月照溝渠」，「人去樓空，唯我無依」層層疊疊詩詞交錯於心，誰說年少不識愁滋味，失落湧上心頭、混身乏力，猶如敗戰的士兵。

　　雙手顫抖，心情低落無以復加，我苦等一個晚上，回應的是「回去吧！」我知她的個性，既然堅持不想見我，我也無計可施。帶著沉重的步伐，黯然離開傷心地。

　　心中的落寞與被棄的心情交錯升起，自問莫非緣盡於此？

　　三天三夜的時間，我無法入睡、失眠，人物影像兀自徘徊不離與消失。有很長一段時間放逐自己，我獨自療養情傷痛失所愛，這些日子落入自閉，我在孤獨中度過漫漫長夜，這般夜裡夢境，我在失落中飲泣淚流滿面。

　　若說始料未及，其實也有所預感。

　　因為久未見面，幾已形同陌路，因為我只顧自己感受，無情地將她往外推，因為我沒有自信心，無法確知找到未來的出路，

因為想太多未知的未來是如何？整個心中腦海都是消極的想法，得到的當然是負面的結果產出。

想一想，感情就像一張紙，是厚？是薄？很難定論，很難定調。回想此刻，身為一個嚴重被火紋身的人，這時還有勇氣談情說愛，可真是逐夢一場！

面對人生悲喜劇，百感交集又錯亂。

數年後，有一天回公司辦事，行政部門舊識當面告訴我說：「她（女友）將於近日訂婚，你知道嗎？」

「喔！」我心情故作鎮靜無疑，人卻呆若木雞無語，心中恍然又有所悟道，並且一時失神又失態於面前。我向她說：「謝謝你，我知道了。」

心裡非常驚訝，她不是在四年前訂婚嗎？這怎麼一回事？

頓時心中一股被欺騙、被戲弄的滋味湧上心頭。慢慢的推敲仔細思索，我頓悟了，原來四年前說她訂婚的那一封信，是一個試探性的風向球，我被耍了！是美麗的謊言！是下策，也是上策。

回家後一刻也不得閒，一顆心像似十五隻水桶一樣七上八下的，我的心在滴血、淌血、自責、自憐、虛弱無力，我不理解為何她不直接告訴我？為何不當面說清楚講明白？為何如此不給我機會對話？用避不見面來進行「無言的結局」遊戲。天啊！

整個人在抓狂又喪氣，心痛的感覺猶如刀割，信任的感覺完全崩潰、潰散。信念準則燃起，生平最討厭人家騙我、耍我，而這事竟然發生在自己身上！一時怒自心上起，惡向膽邊生，我的氣憤終於爆發開來！

顧不得往日情懷友誼，我拿起筆來情急書寫起草氣話，寫了一封信給她。憤怒之下，書信中出現不諒解的言語，我順手引用《三國演義》裡孔明的一句話：「明修棧道，暗渡陳倉。」表達內心痛苦之境界與不解之意。

她沒有回信，也沒有任何回應。一如意料，石沉大海，就讓此情回憶吧！哀莫大於心死，我就此死心對朋友，不再相信任何人。

年少輕狂，口不擇言。雖一時宣洩心中的怒氣，卻無法釋放內心壓抑的情緒。面對這般真假情境，虛虛實實，我能找誰訴說心中的苦？我要找誰說？環顧四周親友，恰是孤立無援，有如一隻孤鳥，叫天，天不應，叫地，地不靈，一時心情還是難以轉念，但終須放下這未成熟與夢寐以求的愛，嘗試著讓情愛昇華於天地四方，成為逝去不退的愛情交響曲。

迄今，我非常不諒解幫她寫信騙我的朋友，不管她幫忙哪一邊，都會傷害了另一邊。一朝被蛇咬，十年怕井繩。我無法再相信「朋友」，我不再交朋友，也沒有任何的朋友。我開始封閉自己，遠離朋友，我只有孤獨的心靈。

我玩起拆字遊戲，對朋友下了這樣的定義：「朋」是兩個「月」字的人倚靠在一起，兩個「酒肉」者依偎在一塊。又論述道「義」一字，若把它倒過來看：我王八！參透了，是絕妙好辭。參不透，就沉淪。

我自我放逐，我憤世嫉俗，自憐亦自艾，鬱鬱寡歡。

有好長的日子，我不敢讓大姊與媽媽知道女友已經離去，我把心事往心裡放，苦水往肚裡吞，我故作鎮靜忘我，並觸發要學

習一技之長，回歸社會工作生活並預做準備——學建築製圖。

「不要含恨到日落。」有一天，我無意間翻閱《聖經》時讀到這句話。

祂打動了我內心深處，開啟了我自閉的心智罣礙，釋放了我的靈魂枷鎖，祂啟迪了我的智慧本命。放下，不要含恨到日落，這句話給了我很大的啟示。

想起之前在信中對她說的話，我實在慚愧、無地自容，也實在無知、荒唐。坦白說她對我有情有義，情義至此，夫復何求？而我卻在這裡迷失。

當時怎會如此失控？怎麼會不顧過去的情分？有道是君子分手，口不出惡言。我卻犯下大忌諱，我不該魯莽行事。

人講：相罵，沒好話，相打，沒好手，而且當時情況未明，我不該慌亂抓狂。覆水難收，悔恨無益。

唯有真情能放下，心胸正無限寬廣。放下過去的怨與悔，我的心靈充滿無限的自由，我的生活開展了新的生命。

我將女友的情愛昇華，轉化為工作上的大愛，將自己的能量投入於助人的工作上，以回報她的有情有義，完全的奉獻給需要的朋友——為一群身心障礙的弱勢者爭取人權。二〇〇七年一月底，從《陽光基金會》自請退休，接著轉往《台北市社盟》，《伊甸基金會》，今服務於《台北市行無礙協會》持續奮戰無障礙環境倡議政策相關之工作不懈。

能有這一段感情的依靠相伴，當歸之於女友的執著付出，我真的很感動並想當面跟她說：「謝謝，再謝謝。」

這一段感情，一直把它放在記憶深處。欲想淡忘她，談何容

易？轉眼間，這往事已塵封數十年，不復記憶深深留刻痕。

就在一九九○年十一月二日，我前往美國念書修讀語文之前，《陽光》特地為我舉辦「陽光孕育下的仙人掌」記者會餞行。萬萬沒想到故人飛鴻來函，我收到一封字跡似曾相識的書信，信件未留下地址蹤跡，細細端詳郵戳不遠，打開僅簡短言語：「祝福你一路順風，平安。」

一句話，心又溫暖起來，再次勾起往事回憶。亟欲追問伊人，妳在何方？為何如此捉摸不定，莫道緣起緣滅，妳暗，我明，既已放下，無暗，無明，何妨一見。如今我們一家四人只想當面跟妳說一聲：「謝謝，辛苦妳了！」

有一天，體會我心的太太——淑女問我說：「要不要去找你以前的女朋友？」我遲疑了一下，回說：「想是想過，但能作什麼？」

老婆的主動貼心，為我解開沉積良久的心底事，讓我窩心、感動又慚愧。二○○四年一月二十四日，大年初三，專程開車帶著老婆及兩個小孩，一家人來到嘉義大林糖廠，找尋記憶中的舊址，期盼問到認識她的人或鄉親指點。

一路上心情起伏不定，深怕人事變遷錯失，又思索如何表示內心的話。在廠區內尋尋覓覓如無頭蒼蠅，終於巧遇問到一位尚且認識她的長者。他提供電話與地址，並告訴我「她的家人早已遷移北部達數十餘年」。

心喜終於知道她人在北部地址，但卻又躊躇忐忑不安起來，心想這一趟也許不一定能找到她，惟總得盡力一試，找到伊人為止。

隔日按圖索驥找人，但緣慳一面，未見其人。

老天爺似乎還在跟我玩遊戲。後續再打電話去查詢，卻是錯誤的號碼，回應沒有此人，一切又回到原點。

欲感恩情義，卻無緣面謝，退一步想，也許機緣未到，強求不得。

就看奇蹟吧！不強求。

遇見真命天女

當女友離開後，我就沒有奢望過有結婚成家的日子。

似我知我燒成如「鐘樓怪人」的一個人，想找到婚姻的機會可比天方夜譚，大海撈針還要困難。世人見我如斯模樣，除了同情之外，還能有什麼？

話說感情事，絕對不能以同情出發，也不能以悲情當作訴求。我要的絕非以同情相待，或以悲情維繫。

我曾試圖在工作圈追尋適意的人交往，但都沒有成功過。坦白說，以我的情形要能找到對象，不是一件容易的事。在我的工作與生活圈，女性朋友多於男性朋友，也曾有想要追求的女性，但最後都是單戀收場、識相結算。

認識淑女是我的福氣。老天給了我機緣，讓我有成家的機會，而且是「選擇所愛，愛所選擇」。對一位傷殘者而言，意義深遠，衝擊傳統高牆藩籬。

一生一世感恩生命中三個女人，媽媽，前女友，淑女。

這三個女人影響我一生至深。她們的厚愛，陪伴我度過生命

的谷底，積極幫助我走出健康的生命。我常想，我何德何能？能受此三個女人愛護關照？如果沒有她們，我將孤苦一生，我將如黑夜不盡！

淑女是我的摯愛，也是我一生的最愛。結識她於《殘障聯盟》（二〇一五年已更名為身心障礙聯盟），她是我面試進來的人員。

一位舊同仁介紹她來應徵，初見我確實嚇了一跳，因為其同學並未事先告訴她要面談的人是誰？換句話說我的狀況她不知悉。

她負責會計業務，財務報表做得有條不紊的，乾乾淨淨本份的工作。我很欣賞她的責任心與專業度，以及自我提升的上進心。

從什麼時候開始對她有所好感並採取行動追人？

話說一九九三年八月間，我與柴松林教授、詹火生教授、許文彬律師等一行十餘人應臺灣中國人權協會邀請，前往中國北京、濟南、上海等地進行有關社福、環保、司法等人權工作的訪問參觀行程。

這是我第一次到中國，感覺很新鮮與好奇，但也感慨萬千毫無人權之國，又蹧踏人民而後快。內心衝擊很大，直覺告訴我沒有人性，爾後除非有公事，否則拒絕再入境此地。

一路行來，看到共產社會主義福利制度與被扭曲的人性國度，感受到極大的震撼與不可思議的管控壓制。一周的行程緊湊無暇問公事，當我甫落腳下踢上海市銀河飯店時，謝東儒專員來電說：「國際青商會鄧仁周總幹事告知，你獲選為第三十一屆十大傑出青年。」

同仁萬里報佳音，一時之間興奮不已。接著淑女在電話中

向我說恭喜，我說：「謝謝你，我很想妳！」她頂回來說：「少來！」我追著又說：「回台北再說了！」

打鐵趁熱，心動不如行動。我展開追求，不達目的，絕不罷休。

有一天晚上，我邀約她到天母球場旁某家西餐廳用餐。我說：「謝謝妳在這一段時間的幫忙。」她說：「哪裡，這是分內該做的事。」

用餐片刻後，我開口表示：「我喜歡妳。」

她微笑以對，沒有說什麼。

她曾經跟我提過：「這是不可能的事，家人不會接受！」

這是實話，也是非常現實的問題。在世俗的眼光中，一般人要與身障者交往或論及婚嫁，簡直是「不可能的任務」。除非是「社會革命」與「價值革命」及「家庭革命」三者同時舉事爆發，才能畢其功於一役。

我有信心，也擁有基本的條件：我有責任感，以家庭為重，有穩定的工作與收入，有自己的房子，有愛我的家人，以及最寶貴的知識能力與清楚地頭腦。我不氣餒，也不退縮。既有清楚目標，我謀定而後動，並即展開積極的具體行動。

我向淑女說，下班後，我可以順路開車送她一程。這一程，我直接送到淡水商專（已改制為真理大學），她在那裡讀夜校。晚上她下課後，我再回去學校接她，送她回去租屋處。這段溫馨接送情，持續到她畢業結束。這是我當時唯一能做的事，並趁這段時間，我與她閒話家常，愛苗自然而然滋長。

女怕纏，男怕煩，一點也沒錯。既然不排斥，那就有機率促

成。我可不能錯失機會，我也不願放棄機會，我很清楚何者才是我喜歡的人。我不是隨便選一個人，我有自己的擇偶想法。

交往的日子就這樣開始，我珍惜與她的交往與發展。我花時間與她聊生活上的事情，也從交往中開始了解她的生活態度與家庭背景。從國中起，她一直是以半工半讀方式完成學業。我很欣賞淑女的獨立個性，與做事負責的態度，又能侃侃而談及理性的溝通。

漸漸地，我們有更多時間與機會相處，尤其在假日，我帶她出去玩，我帶她進入我的生活世界，透過生活上的互動與近距離接觸，互相了解彼此習性與價值觀。

我心疼她長期在外租屋生活，又常吃外食，飲食生活不正常，營養不均衡，我做菜邀她一起共享。我順勢教她學習如何做菜，我認為這是每一個人該有的生活基本功，而且所有人都該學會做菜，如此就不用怕挨餓，即使有朝一日沒人作飯鬧罷工，也能自食其力。

其實做菜很有立即性成就感，好吃與不好吃，立即受到獎賞或懲罰，不是嗎？

有一天我送她回七堵家，我在她家附近巷口停車，她自己回家去。她阿嬤在陽台上看到她下車，問說：「誰開車送你回來？」

淑女回話說：「以後再告訴阿嬤。」

這麼神祕？是誰不能說？

每一次送她回家，都是這樣子。我不以為意，我很清楚自己的處境與狀況就是與人不同，也急不來。

有一年元旦假期，淑女問我：「我想帶阿嬤去日本玩，好不好？」我回答：「好啊！」淑女常跟我提起阿嬤，說阿嬤從小到大如何疼惜她，如何照顧她，阿嬤與她的感情有多好，我聽了都覺得有阿嬤真好。

就是這個時機，我去接送阿嬤與淑女到機場搭機。這是我第一次與淑女家人進行「第一類接觸」。這時，我與淑女交往已二年左右，感情漸入佳境與穩定時期。

到了機場，阿嬤直接問淑女：「伊就是妳的男朋友？伊對妳好嗎？」

阿嬤又問：「伊幾歲啦？那也燒成這樣子？伊年紀大你那麼多，你自己要斟酌。看起來人是不壞，但是……反正你自己要想清楚就好。」

之後，阿嬤每天都在陽台前等淑女回家。「妳那不帶他上來休息一下？」「阿伊什麼時陣來接送妳回台北？」

「咱們去找我姑媽與爸爸說這一件事。」淑女向我提說。姑媽知道我們的事後，積極幫忙玉成這件婚事，岳父也支持我與淑女的終身大事，認為年輕人，喜歡就好。但岳母有其意見及態度堅持。

我很感恩與感謝淑女及家人長輩的愛護與支持，但很遺憾，沒有時間及機會，讓岳母更了解我。

有一年春節，我帶淑女回屏東老家玩。事先我沒有告知媽媽會帶淑女回去，就在除夕夜晚抵家時，媽媽既驚又喜！家中老老少少相見以關切的眼神盯著我與淑女。

「你們什麼時候要結婚？」媽媽與大姊問起我。

面對家人的詢問，我直說，你們甭緊張啦！我若打算好，就跟你們講。從媽媽盼望的眼神及兄姊期待的心情，確實是一股有形的壓力與無形的推力存在。這一趟春節之行，成了我們互訂終身的時間推手。

一九九六年四月二十五日（週四），農曆的三月八日，我們在故鄉（鹽樹村）老家舉行婚禮，宴請族裔至親與家鄉人士近四十桌。

不想驚動新聞界的媒體朋友，所以未發喜帖邀請記者。結果當日有台視地方記者接到通告，又不知我在何處舉行婚禮，急得到處在村子問消息找人。台北的臺視主播台（葉樹姍小姐）在追新聞，交代一定要交稿給畫面。果不其然，這一播報放送，全世界的華文電視台全看到婚禮畫面。

鄉下地方民風純樸，村落分散，聚落處小，找人如果沒有問對人，一時之間要找到人，還真不容易！但有一個竅門報你知，若要尋找婚宴喜慶場所，聽「古吹聲」在哪裡聲響，往那地方去找準沒錯。

宴請了南部就不能漏掉北部好友。二十六日晚上，我在台北的康華大飯店補請北部的眾多好友與工作伙伴。因部分好友入席稍晚，致未能好好接待，深感過意不去，在此表示敬意與謝意。

隔日一早，我攜淑女飛往新加坡及馬來西亞與蘭卡威等地度蜜月旅行，在新加坡尚義機場甫下飛機就被當地的導遊眼尖認出說：「你太太好漂亮喔！你真有福氣，討到一位好老婆。我很感動你老婆的智慧與真情。」導遊真情流露的如是說。他的一席真誠話語，讓我與淑女溫暖在心頭。

從初識、相戀、相愛、訂婚到結婚，經歷了三年多的磨合時間。我與淑女態度堅定克服所有障礙；語氣和緩，面對所有為難堅守共同的抉擇。有情人，終成眷屬。美夢成真。

　　育有一對子女，長得乖巧又健康，我每日接送他們上下學，假日得空時，一家常出外去踏青或旅遊，生活過得既忙碌又充實。

　　有一天，全家人一起去溪頭旅遊，回途我們兼程趕路要往埔里走。當下已過中午時候，我說：「我們到『水里』吃飯。」讀小一的兒子即刻回問：「爸爸，水裡怎麼吃飯啊？」車上的人被他這麼一問，真是笑翻了！

　　這就是我的兒子「鵬仲」，他常有一些我搞不定的事。讀小一上學期時，他的班導師說：「鵬仲在班上帶同學鬧場，不聽話，上課愛說話。」我看了老師的聯絡簿，莞爾一笑，覺得有子如斯，總算有遺傳他老爸的「反抗性格」，勇於表示自己的意見。

　　兒子說：「我想當班長。」我們問他：「為什麼？」他說：「可以做很多事（服務）。」等到學期中，我們再問他當班長的事，他回說：「笨的人才當班長！」我與老婆很訝異的追問他：「怎麼說？」他直言：「被人叫來叫去的，一點也不好玩。」

　　其實他的小學老師對他不錯，點選他當班上的「圖書管理長」，讓他看了不少好書。他最喜歡看《三國演義》的漫畫本。他說他可以優先選擇借書權利，真好！這就是當「圖書管理長」的好處。

　　兒子很有運動細胞，他跑步的速度很快，在國小同儕當中居一、二名之間。有一陣子，他迷上了棒球，看職棒電視轉播時，

他經常跟著學習投球的姿勢動作自己玩起來，趁暑假特地送他去參加「來喔」夏令營體驗。

女兒「筱雯」就與哥哥不一樣了。她比較文靜害羞，不愛開口說話，喜歡畫畫、唱歌、跳舞，又愛漂亮，對於穿衣服，很有主見，很會挑。她姑姑經常笑她說：「出生時，黑黑的臉蛋，醜醜的。長大後，十八變，已變成大美人一個，真是不一樣。」

接觸過的老師都異口同聲地說：「她說話聲音好小，不太愛說話。」我們覺得很驚訝，那也差那麼多？害得她媽媽經常要跟老師溝通，說明她在家裡的表現與在學校的情形完全不一樣。真是在家一條龍，出外一條蟲。

自己帶孩子長大，也看著他們成長，真是棒！二個小孩各有各的想法與想要做的事，就尊重他們的選擇。從性向，興趣，能力，專業，發展過程，就是人的一生道路。

二〇一五年，大的將進入大學，小的要升五專三年級，讀書一步一步來，做父母的除了平時的關心之外，就是用時間陪伴他們，並且在重要的時刻與小孩討論自己的未來發展方向。

這也是家的幸福泉源，我們很珍惜，並用心灌溉、用情經營有愛的家。

第二篇 擁抱陽光，我的社福之夢

頑石寄情

陳明里　1989八斗子漁港

多少夜
我從海中洗禮獲重生
多少次
我在狂風驟雨中蛻變
　　　　只因圓夢
那一夜
我何嘗能在安穩中等待黎明
那一次
我盼望您凝視沉醉於柔情時
　　　　只因圓夢

這一夜
我赤裸裸的訴說著頑石寄情
這一次
我要緊緊的抓住每一個可能
　　　　只因圓夢

5 為自己爭取權益

　　法律要在個案中彰顯正義，個案要在法律中實現真理。

　　請雇主善待所有天底下的勞工，請政府督促資本家負起完全的工安責任，並責無旁貸為勞工築起百分之百的身家性命安全環境。

　　勞工的生命是無價的、是寶貴的、是不得任意被踐踏的。

血淚交織的失能給付

　　勞工保險條例條文內容您看過嗎？看得懂嗎？勞工保險的各項給付有哪些，您知道嗎？什麼條件與資格可以請領給付？什麼是「自得請領之日期」的審定起始？「二年間不行使而消滅」是什麼意思？法律門外漢，我完全無知，也不懂含意。其實有一大部分的勞工不知道這些權益保障內容，更別說了解條文內容及法條相互關係。

　　在這裡，讓我慢慢告訴您一些法律問題，以及身為職災勞工者的悲哀。勞工保險的失能給付，是一場血淋淋的喊「死豬」價，讓人感受到勞工「報廢即丟」的處境，莫此為甚！而領到的給付金額，真是活人比死人擱卡慘，因為活人還要過生活及面對

社會的岐視眼光。

　　一九七八年十月二十三日在台大醫院開立勞工保險「殘廢／失能診斷書」，隨即將資料交給公司承辦人員填寫表格、蓋公司大小章，指定個人帳號等文件備齊後送件申請。

　　我完全不了解勞工保險「失能給付標準」是什麼內容項目？隔年一月十五日，領取到第一筆的失能給付金，給付的是手部殘缺損失部位。

　　公文書函說明給付重點為雙手及雙耳部分，合併為右手五指均喪失機能，失能程度符合勞工保險條例附表第九十項第九等級，左手小指喪失符合同表第六十一項第十四等級，拇指、食指均喪失機能符合同表第九十六項第十等級，左、右耳缺損則均符合同表第三十一項第十三等級，依同條例第六十六條第三款規定，應按第八等級核發五百四十日的失能給付額合計五萬七千二百四十元正。

　　收到這個通知不禁潸然淚下，好悽慘的死豬價格，我的兩隻手僅只值這些錢！這是什麼樣的制度設計？

　　有勞保職災醫療給付，讓我無後顧之憂，見證勞工保險的重要性。算算當時在榮總的治療花費，醫師告訴我推估大約在三百萬元之譜。若以歷年來通貨膨脹加上現在的貨幣值換算，就在後面加數個零。以當時一般家庭經濟收入（小農無固定）不穩定，早已傾家蕩產，或是乾脆放乎伊死！

　　工作薪資低，給付額就低，這是底層勞工的悲哀。但還有人更慘，雇主若無投保或將投保薪資以多報少，不僅影響普通傷病或職業傷病各項給付，也影響老年給付額度。

如此秤斤論兩計價方式是依據勞工工資等級投保金額，及失能程度等級（折算日數）計算，與合併升級後給予給付總額。（例，薪資×失能等級〈日數〉＝給付總額）

　　底層勞工受災率遠高於中高層勞工職務者，卻因投保薪資低，所以給付金額低。另外，若碰到惡質的資方沒有投保，發生事故時更悲哀！

　　一九七八年十二月二十二日及翌年二月二十日公司二次行文給榮民總醫院，要求開立勞工保險「殘廢／失能診斷書」，以便申請眼、耳、鼻、頸部等燒傷部位保險給付，但全被主治醫師擋下，理由為要「繼續治療」。

　　與主治醫師溝通協商後，於一九七九年三月十四日始取得榮民總醫院用印的勞工保險「殘廢／失能診斷書」，隨即再次送件請領失能給付，卻被《勞工保險局》退件駁回。

　　駁回原因：勞工保險條例第六十四條規定，因同一事故造成之失能應一次請領失能給付（修正為第二十二條：同一種保險給付，不得因同一事故而重複請領）。

　　如果當時把台大及榮總的診斷書合併一次提出申請，不但全部傷殘部位都可以得到給付，而且在兩者合併後，所核定的等級數完全不一樣，給付總金額也會提高。但是持續四年的手術，我見手術刀色變，身體耗弱異常。我需要時間休養生息，我不要手術了。一步錯，全盤輸，輸到脫褲子。

　　依勞工保險條例第三十條：「領取保險給付之請求權，自得請領之日期，因二年間不行使而消滅。」（二〇〇六年四月二十七日行政院勞委會提請行政院修法將改為五年）如此延長期間至

少可以讓需要手術及復健時間拉長者有喘息的時間調養生息。

我在榮總最後一次手術時間與台大最後一次手術時間，相距超過兩年。依勞工保險條例第三十條：「領取保險給付之請求權，自得請領之日期，因二年間不行使而消滅。」換句話說，如果當時我沒有先申請台大的手部傷殘給付，等到申請榮總眼、耳、鼻、頸部的部分，也算逾期無效！

沒有人可諮詢告訴我法條限制規定，主治醫師所提醒的也都是醫療方面的後續影響，如領取給付後，該部位的治療即不再支付醫療費用。

這些「關連並立」的保險條例與情況牽制，讓我白白的損失權利。我嚥不下這口氣，卻也種下我日後進行倡議「身體、皮膚排汗功能喪失」失能給付案事由，二〇〇〇年十月勞委會修正給付標準表，一舉板回一城。

依據勞工保險條例第五十七條規定：「被保險人領取失能給付，不能繼續從事工作者，其保險效力即行終止。」一九八〇年七月一日，公司人員逕自把我的勞保退掉，事前連個通知照會我一聲也沒有。

當我獲悉勞保被退了，寫信去公司要求恢復勞保。管理課在一九八一年一月十二日回了一封書信，告知我的勞工保險已因第五十七條規定之前述理由辦理退保，礙難辦理復保。

如此逃避作為，既不理賠，又伺機而動，將職災勞工踢出門。這讓我強烈感受到被惡意遺棄，心裡非常不舒服，即與公司展開談判賠償。

意外之後我從沒跟公司好好談過相關理賠與復職事宜，公司

也沒有給我資遣費，他們想要以勞保失能給付替代「賠償」搪塞我，這說得過去嗎？

依工廠法第四十一條第一項規定，工廠應為工人身體之安全設備。又依民法第一百九十三條，不法侵害他人之身體或健康者，對於被害人因喪失或減少勞動能力或增加生活之需要時，應負賠償責任。但公司負責人卻柿子挑軟的吃，完全忽視我的權利。

有一天，我與倖存者之一陳兄對談起當天事發經過。他說：「當時有鄧、吳兩位同仁（印刷部）發現機器出現異狀，正在冒白煙。」他即與楊先生趕去現場了解，哪知他把電源開關拉下，就爆炸了！

致命關鍵就是拉拔開關的動作。研判在開關磨擦時引發火星，點燃空氣中殘留的三氯乙烯化學物質，導致爆炸。舉例來說，瓦斯外洩於密閉空間中，蓄積到足夠的濃度時，如果打開電器類如日光燈、電風扇等等裝設起動器激發電流閃燃點，或點燃香菸引火，鐵定造成瓦斯氣爆！

淒淒慘慘的職災苦難，三位死者死得不明不白，而倖存者又何嘗不是傷得很冤枉？我活下來了，怎麼辦？

以現在的職災法條一死三傷規模標準論之，本案即為標準的「重大職災」案件。論責任，工廠要被勞工安檢主管機關依「勞工安全衛生檢查」，處予停工調查改善。

很不幸的，事件責任卻不了了之，迄今沒有一個答案給我，也沒有肇事原因調查報告，沒有說明誰應負責任？也沒有誰受到懲處？

我想起孟子的話：「天地不仁，萬物為芻狗。」我說：「雇主不仁，拿勞工當祭品。」勞工生命真不值錢！同理「政府不仁，全民遭殃。」

　　工作場所「勞工安全衛生」依法是雇主應做的事，也是法律保障勞工生命財產安全的指標。如果資方只顧賺錢及管理階層不重視，勞方（工會）沒有提供工安意見的管道，不出事才怪！

　　勞工的生命是無價的、是寶貴的、是不得任意被踐踏的。一個職災者沉痛的告白，不是為了賺人熱淚，而是為了向這個殘酷的現實爭一句話說：「請雇主善待所有天底下的勞工，請政府督促資本家負起完全的工安責任，並責無旁貸為勞工築起百分之百的身家性命安全環境。」

注：勞動基準法（民國七十三年七月三十日總統華總一義字第一四〇六九號令制定公布全文八十六條）第五十九條：勞工因遭遇職業災害而致死亡、殘廢、傷害或疾病時，雇主應依左列規定予以補償。（有關條文「殘廢」字眼已修法改為「失能」用詞）
　　但如同一事故，依勞工保險條例或其他法令規定，已由雇主支付費用補償者，雇主得予以抵充之：二、勞工在醫療中不能工作時，雇主應按其原領工資數額予以補償。但醫療期間屆滿二年仍未能痊癒，經指定之醫院診斷，審定為喪失原有工作能力，且不合第三款之殘廢給付標準者，雇主得一次給付四十個月之平均工資後，免除此項工資補償責任。三、勞工經治療終止後，經指定之醫院診斷，審定其身體遺存殘廢者，雇主應按其平均工資及其殘廢程度，一次給予殘廢補償。殘廢補償標準，依勞工保險條例有關之規定。又職業災害勞工保護法第二十七條：職業災害勞工經醫療終止後，雇主應按其健康狀況及能力，安置適當之工作，並提供其從事工作必要之輔助設施。（民國九十年十月三十一日總統　華總一義字第九〇〇〇二一四〇一〇號令）

小蝦米向大鯨魚爭取權利

一九七五年十月二十八日下午三點一刻，距離事故已十月餘，欣興公司人員匆匆忙忙通知家屬赴會，協商會議在桃園龜山工業區興邦路38號工廠內召集，這是災難後公司第一次召開「自動剝離機故障災害遇難人賠償要求協商會議」。

出席人員有日方株式會社某製作所代表取締役椿秀夫、公司代表為傅鴻林、談連生（廠長）、見證人為生產十七黨部申先生，傷殘者家屬有家母與陳媽媽，遇難者家屬有楊媽媽、鄧先生等人。

會中結論有兩點，一、遇難人家屬要求，死難者賠償每人新台幣五十萬元正，傷殘者賠償每人新台幣七十五萬元正；二、遇難人家屬同意授權欣興電子公司負責人代表，遇難人家屬所要求前條賠償，但如賠償人要求降低賠償標準時，欣興電子公司負責人有權按下列最低要求接受解決。（一）死難者，每人最少新台幣二十五萬元正。（二）傷殘者，每人最少新台幣三十八萬元正。

當我看到這樣的賠償內容時，我的心裡只有一句話「幹」！

哪有如此的談賠償金的道理？完全沒有站在三位死難者的撫卹立場（生命價值）爭取，以及為二位嚴重重傷者的未來（一輩子的傷害）生活、工作做保障，與極力爭取最大的賠償金額，反而以「殺價就折半」的退讓手法示弱，逼迫家屬簽字交差了事，完全沒有為受害者的感受與立場作最大的考量！這個黨營事業經營者對待勞工真是糟透了。

更扯的是如此重大的協商會議，竟然是在會議前一天，才匆匆忙忙的派員通知家屬與會，連最基本的會前會交換意見都沒有安排，然後就像似肉販市場一樣喊「死豬」價定價拍板定調，簡直是唬弄家屬虛晃一招，無視受害者的權益與未來生計、尊嚴要如何活下去。

　　一條條前程似錦的青年人，正值活躍奮發升起的生命，就如此被公司負責人再次踐踏出賣。您們還是人嗎？

　　說實在的我看不到他們有一點點的誠意談賠償，或展現出想解決問題的心意，完全一副我是黨營事業（中國國民黨），你奈我何的嘴臉。協商不當一回事，有談判跟沒談判，都是一樣的結果。

　　誰A走了災難錢？至今我沒有收到這一筆錢，這是日方代表要賠償給罹難人及受傷害者的錢，最後日方到底有沒有履約支付？錢又在哪裡？我們完全不知道。坦白說「我也忘了有這次協調會的內容金錢」要追蹤。

　　日方如果有給這筆賠償金，那到底這些錢被誰汙了？日方如果沒有給賠償金，公司這幫負責人辦事不力又該當何罪？如今這麼久遠了，還會有誰記得這回事，當年經手的人或已不知去向？

　　在與負責人溝通斷線後，我已認知公司既沒有誠意要照顧傷者，也無心面對賠償問題，完全以拖延戰術應付我的要求。人講：「人善被人欺負，馬善被人騎。」這是當下的處境，我絕不善罷甘休，也埋下我日後與公司抗戰的能量本錢，以及參與弱勢團體上街頭的原始動力。

　　公司除了急救期的醫療照顧之外，從頭到尾能迴避就迴避。

例如我第二次回榮總住院手術，需要住院看護照顧，公司卻置之不理不睬，不顧媽媽一人的體力負荷與精神壓力、年紀，由媽媽一個人扛起全天二十四小時的照護重擔，毫無喘息機會，前後三個月，儘管媽媽一再反應，卻沒有人理會！經營管理員當做耳邊風。

再來整整兩年期，我五次進出臺大醫院住院，做八次開刀手部手術，住院期多則一個月，少則一至二週的日子，完全由媽媽一肩挑起看護照顧。

他們以為媽媽拿了一點點的生活照顧費就可以了事？如此這般漠視態度作為，著實讓我氣憤難消永遠不會諒解，加上處理完勞保各項給付之後，又逕自藉法令退保作業，擺明要將我「Kick out」掃地出門而後快。司馬昭之心，路人皆知。

我想回去「復工」，他們拒絕了。內部有人傳話提醒我說：「不要回來丟人現眼！」我聽了非常氣餒，也非常氣憤。依當時工廠法、勞工保險條例及勞工安全衛生法等相關規定，職業災害勞工經醫療終止後，雇主應按其健康狀況及能力，安置適當之工作職務。但是，又放話來堵我回去復工，這些人還是正常人嗎？

依法我可以堂堂正正的申請復工，這是法律對職災者的保障。但他們的所作所為，形同解職了事，拒不談傷害賠償，又不讓我回去復工，除了心態上嚴重的歧視職災勞工之外，更是目無法紀，完全不顧勞工的權益與保障。

黨營事業經營管理者有恃無恐，不把遭受職災受害者放在心上，更是沒良心要後續處理善後之事，真是一派胡說八道。

甫退伍回來的二哥知悉後，有一天他到興邦路工廠拜會新任

的陳信總經理。陳總經理說：「事情並非我處理的，要找該去找前面的負責人。要告你們就去法院告！」霸氣的回應受害者，我永遠會記住您陳信。

這讓我更不服氣。你要推拖了事，那咱們走著瞧！

燈不點不亮，點了也不見得會亮。

一九七九年三月起，公司接著又把治療時答應支付我的「生活照顧費」全數停掉不給予了。之後，即不聞，不問我的生活，任由我自生自滅。

又於一九七九年八月起，即片面凍結我每月三千五百七十二元的底薪（基本工資），更是陷我生活於困境不顧，簡直要逼我走上絕路！

我束手無策，除了寫信、打電話再三抗議外，頓時一籌莫展。心裡頭開始咒罵起這幫人。但是，也沒有打算放棄的心。只要一口氣在，我會盡力而為，不到最後關頭，絕對不會死心。

有一天，我回紗帽山住處，碰到一位友好鄰居──新莊鎮代表郭先生。他問起我的情況，我告訴他陷入困境，他即幫我出了一個好主意。

郭先生教我向鎮公所調解委員會請求協調。

一九八〇年一月十七日上午九時在該會進行調解，獲得一些初步的結論事項。一月二十三日KMT中央財務委員會主任委員鍾時益發文同意恢復及調整我的底薪為月薪四千二百元，且每年按政府物價指數調整。

兩年後，物價已波動多次，公司仍然不理會我的基本權益，遇調薪時把我當成局外人對待。一九八二年三月二十四日，我又

親自跑到工廠與人事課經理反應，始於六月起調整月薪為五千一百元。

事態至此，我已完全大徹大悟，這件事絕非溝通協談可以解決。

他們吃定我已逾「法律期限」的告訴期（自發生日六個月內應提刑事告訴，民事為兩年追訴期），我拿他們沒轍。這反倒激起我不服輸的鬥志，我下定決心要向公司討回公道，我要靠自己的力量，爭取自己的賠償權益。

我想起孫臏與龐涓的故事。當龐涓用盡羞辱的手段，把孫臏惡整的體無完膚，孫臏問了他的同夥：「我的嘴巴還在不在？」他的僕人說：「在啊！」孫臏再說：「好。那咱們有希望了。」

雖然身體傷殘，我的頭腦還在，我的嘴巴也在，此時宜鬥智不鬥力。我一面看書了解法律知識，一面起草準備寫「陳情書」。

臺灣最有亮點的「寫真集」第一人。為了讓蔣經國總統看到我的廬山真面目，我特地跑到士林某照相館，拍了一組全身受傷的「寫真集」。

豁出去！置之死地而後生。我第一次勇敢面對攝影機鏡頭，為自己拍下歷史性的一組全身上下、正背面只穿內褲的裸照，以及手部變形的特寫鏡頭，讓鏡頭幫我說話，用疤痕及臉部傷害程度來「抗議」。

我用圖文並茂的方式，讓當政者知道他的黨營事業如何造成勞工職業傷害與迫害。我顧不得嚴重受創的心靈、尊嚴、面子、裡子，我毫無選擇餘地與退讓的空間，我強迫自己面對難題，突破心裡的猶豫與障礙。

我就不相信這樣自曝肉體缺損當訴求，還不能激起位高權重者的一絲絲的憐惜與關懷的話，我就沒有明天！我完全豁出去了。

一九八三年十月十三日總統府寄回收執信（雙掛號），確認總統府已收到陳情書，另一方面我持續與公司洽談具體的賠償要求，並在未定賠償之前，應先恢復支付我原有的底薪工資，包括因為通貨膨漲應調整的薪資在內。

我同時另外寫「陳情書」到KMT黨營事業黨部高層處，以及立法院與監察院等民意代表機關處，訴說我的事件傷害與生命處境，希望他們能為我主持公道。但民意機關都沒有獲得任何單位具體的回應，只有監察院兩位委員回信對我表示關心，一為尤清監察委員、二為周清玉監察委員。

上司管下司，下司ㄠ畚箕。總統府接到陳情書後，公文一層層的從中央部會下到省政府，從省政府下到縣政府，從縣政府下到公司，一路交代下來，要下面的單位「妥處見復」。真是上面有壓力，下面辦起事就帶勁。

我回來了，坐下來談判。一九八三年十一月十六日（星期三）上午八時四十五分前我回到了久違的地方。就在二樓的會議室，我與舊識管理課楊經理維德、記錄黃朝玉先生三人進行真正有眉目的協議。

開始談判，要求紀錄，並且上簽管理。會議一開始我搶先聲明，今天要作成會議協談紀錄，由雙方會談者簽字備查，要將紀錄送陳總經理以上層級批閱裁示。我不要有任何的推拖理由，或有人搞小動作瞞上欺下。

算總帳，不囉嗦！一次了斷。當天開會時，我說：「有關理賠問題，十年來一共談三次，今天是第四次。過去從來沒有給合理的解決，今天就一次解決，就是希望一次給付新台幣一百萬元。」

楊經理說：「過去的承辦人，我們不作批評。但是，目前我們很有誠意來處理，所以在本人奉調負責本案，短短一年不到，甚至於兩個月內就作了兩次調整薪資，由原來每天一百四十元調到一百七十元，再由一百七十元調到一百九十元，另外還有伙食費，就可以看得出來。同時今天我們雙方面再面對面的就這件事好好的溝通，就是希望陳先生放心，不再為這件事操心。」懷柔拖延戰術騙不了我。

我說：「我想還是一次給付撫慰金（賠償金），如果公司一次付真的有困難，分期給也可以。」

楊經理說：「過去十年間陳君也都能接受每月給付，或許在調整步調上慢了一點，令陳君失望。陳君要求一次給付也必然是針對這點才會提出。關於這點，因為過去沒有雙方的協議資料，我們姑且讓它過去，至於今後要怎麼作，我在此給陳君一個合理的方案參考：

「一、今天的協談作成紀錄，俾供作今後公司發放薪資之依據及承辦人員參考，同時副本一份交陳君留存備查。

二、今後凡遇公司工資全面調整時，陳君的工資必須合併辦理。

三、如遇欣興未按法定最低工資或未按全員調整發給，則這種每月發放方式即不再具雙方效力，也就是說，屆時須改按一次給付撫慰金。」

心想：「挖坑要讓我跳，您當我是誰？我已在NGO服務二年，已非當年吳下阿蒙，怎麼會再相信您們這幫人的鬼話。」還有一股內在的終結力量「洪國代候選人邀我去舞台上演講」這股殺傷力力道支撐我背水一戰。

　　我回說：「改按一次或分期給付是我今天來談的目的，我的建議是一次給付一百萬元或分五個月，每月給付二十萬元，以後就由欣興除名。」

　　楊經理說：「當前我們要澄清的是，陳君已向多方陳情表示本公司未按基本工資給付，而目前我們之給付額實際已超出基本工資，為免外界誤解，我們在談論一次給付方式之前，是否陳君能先發函給原陳情書收受單位（或個人）表示『目前欣興已按基本工資標準給付，唯本人仍不希望今後再有牽扯，而仍要求能一次給付，根本解決』至於如何給付，以及給付額之幅度，我們下星期三再作討論。」違法事實又避重就輕，莫名其妙。

　　我說：「同意。下週三再討論一次給付額及分幾次給付、何時給付。」

　　帶著忐忑不安的心情回家，心裡惦念著公司方面是否會如約處理？一方面自己也依約草擬聲明書，準備向陳情書收受單位（或個人）說明近況。但我要等事情確認行政程序完全搞定後，才會發出聲明書。我不會再上當。

　　自己的事自己救，士別三日，當刮目相看。此際我已在「陽光基金會」工作兩年左右，負責行政文書、倡議立法、政策事務及公關業務處理，我自信已比較有能力應對自己的事，也比較清楚談判時如何拿捏分寸。

草擬陳情書內容時，我特地拿稿子向吳董事長請益，避免我衝過頭傷到他。吳董事長很體恤我的心情與處境。他說：「試試看吧！如果需要幫忙，告訴我一聲。」

　　還好沒有節外生枝，這事也有了順利的發展。我堅持到最後，絕不輕言放棄，我步步為營，也適可而止。有一天我在基金會辦公室，突然接到公司楊經理的來電說：「總經理已經簽准下來，同意給付撫慰金一百萬元。」

　　遲來的正義不是正義，這場災難與賠償拖十年之久，從一九七四年十二月三十一日職業災害到展開談判一九八三年十一月二十三日完成協議內容結論，雙方約定擇期於一九八四年一月六日在桃園地方法院公證處作成簽訂協議書公證，以及一年期分期給付付款截止為一九八五年六月止，細數前前後後過程整整十年半時間結束，試問人生有多少個十年可以這樣身心靈的苦難與折磨，以及隨時面臨生離死別與一輩子的有形與無形傷害？

　　起死回生，永不放棄；有志者，事竟成。

　　您不理政治，政治會理您。

分期撫慰金公證保權利

　　一九八四年一月六日，我與公司代表在桃園地方法院公證處作成簽訂協議書。達成協議內容如下列部分：

　　一、自當日起至六月止，月工資為五千七百元及伙食費小月三百一十元，大月三百二十元。

　　二、自一九八四年七月起，於十二個月內支付總額新台幣一

百萬元之撫慰金（分期二次各為十萬元，十次各為八萬元），同時停發前述工資及伙食補助費。

三、公司即不再對我負任何法律及道義責任。

四、本協議書成立之同時，寄發經公司認可之函件予原所有陳情對象，澄清有關目前之工資給付額及說明協議之結果，並自達成協議之日起，在公司未達協議條款之情況下，我不得再傳播或散布有關此案之有損公司名義之言論或文件。

對於後面這兩段，我有一些意見，我認為他們怕事，又怕人挖！但為顧全大局，我隱忍下來。

經過漫長的「十年抗戰」，我終於把它給搞定。

一時心中悲喜交集，正如寒冬飲冰水，點滴在心頭。我一步，一步的走，從已超過法律效期，再把它拉回到法律效期內，這個過程對我而言是一個全面的學習與未知的挑戰。

我把自己的策略運用整理如下，以供後人參考借鑑：

第一步，我尋求公部門的調解程序，運用地方政府「準司法」制度協調資源，重新建立及確認雙方的僱用關係。

第二步，我透過陳情書手段從上向下施壓，及官方的層層疊疊督飭機制與力量，並運用中央民意代表監督壓力擴大效應。

第三步，形成壓力氣候與談判氣勢氛圍，再運用會談機制管理，作成對話紀錄資料，形成檔案文件，以保全談判證據及資方內部管理執行。

第四步，每一次協議就訂定下一次的協談時間，要求專案管理者應陳報上級單位或負責人做向上管理，並確實有效向下督導

執行。

第五步，最後作成的書面協議內容，要求交由地方法院公證確保債權關係存在，以及獲得司法機關公權力之保證履約執行。

第六步，好整以暇監視對方的履約狀況，如遇有延遲或中斷給付，絕不手軟，及時回應。

最後，在事情終了時，寫一封信給相關的承辦人員，謝謝他們的辛苦。

另外要提醒與建議受害者絕對要在法律期限時效內（刑事六個月提告，民事賠償二年內提訴）提起告訴行動以保障自己的權益。

回首處理過程，讓我學習到很多楣楣角角的地方，如對話時語氣堅定而和緩，再三強調所堅持的立場與態度堅定不移，以及陳述問題切中要害，讓對方認真面對並聽進去，而且不再逃避或避重就輕的回應問題。

知識就是力量，書到用時真有力。

《厚黑學》李宗吾說：面對問題處理事情的態度策略與對應方式，一為「補鍋法」，一為「鋸箭法」。這經典教戰手法讓我精神為之一振。

補鍋法，即遮掩表面，問題未除，如一隻鍋子若有一處小破洞，沒有把它連周邊的部分一起敲大一點，那鍋子補起來還是不行，還是會漏水。換句話說，若沒有把小事情搞大，成為大條事情，並且表裡完全清除乾淨是無法徹底解決事情的。

鋸箭法，誠如有人中箭（有問題）了，在處理傷口時，如果只有把表面上的箭身去除鋸斷，誤以為就沒事了，那是不行的！

因為箭頭仍然留在肉體內，沒有真正的拔除掉，它還會持續惡化化膿，不會痊癒。換句話說，表面上看起來是把問題處理了，但實質上問題並沒有解決繼續存在。

　　積極面對人生，生活就多彩多姿，我很慶幸自己在整個過程中步步為營，掙回自己應有的權利，雖不滿意理賠金，但學到寶貴的經驗。

　　不要小看自己，人講草仔枝，嘛是ㄟ卡死人。

突破障礙，迎向陽光

碰壁後，我轉個彎，終於找到了生命的出口。

參與發起「陽光基金會」及籌備會，一生為顏面損傷與燒傷者請命奔走。不忮不求，以出世的精神，作入世的工作，一生奉獻公益為志業。

重新學習一技之長

為重新適應社會，調適心理狀態，我試著做一些獨立生活事情，思考未來職涯發展，訓練自己的膽量。

我離開陽明山紗帽山下紗帽橋租屋處，搬到新莊丹鳳大姊住處。如此轉換環境，在生活上姊弟相互照應，我幫忙照顧小孩（外甥），她外出工作，可謂一舉數得。

平時我帶著小外甥去市場買菜，偶爾與大姊搭公車去新莊傳統市場逛一逛。也許外表太顯眼了，經常引起路人的側目與竊竊私語。我幫姊夫去證券公司買賣股票及交割過戶，當我出現在大庭廣眾下，總會吸引好奇者及小孩的目光注視。

「你看那個人！」

「好恐怖喔！」「鬼啊！」

這般直言不諱與童心童語，常使我不知如何以對或裝聾作啞。

有一天大姊見我悶悶不樂，關切的問：「你怎麼回事？」我說：「沒什麼啦！公司已停止給付薪資。」大姊再追問：「那你有什麼打算？」我說：「還能怎麼辦？我想先去學一點技能，然後再去找工作。」

我安靜下來，深入的思考現況與未來，冷靜的分析自己還能做什麼工作。《聖經》言：「一粒麥子不落地，它就不會生根發芽。」同理可證，我若不腳踏實地，埋頭苦幹重新再來過，我就沒有明天！

我在報紙分類廣告上看到機會。有一則台北市國民就業輔導處職業訓練中心（已改建為台北市勞工服務中心）的招生廣告吸引我，我仔細的閱讀比較內容，找到一項可能適合自己的職業訓練課程——建築製圖。

我分析評估自己的興趣與能力與現實狀況，譬如說，這一張臉，只能往幕後工作發展為宜，所以選擇「建築製圖」為先，可以學習一技之長，未來找相關的工作行業，要養活自己應該不是難題。

一九七九年底，我迫不及待的去輔導處報名作業，面試的郭老師見我後說：「你想參加建築製圖班？」

我說：「是」

郭老師端詳一番後說：「那你拿支筆，畫個圓圈看看。」

我立即抓起筆來，依指示畫了一個圓圈圈。郭老師見我能握筆畫圖形，當下就錄取我。更幸運的是，我與少數幾位清寒同學，獲得每月一千八百元的生活津貼補助款供給生活。

製圖班從一九八〇年一月二十一日上課到七月五日截止，為期六個月，全天上課性質。開課時有三十二位同學報到，結訓時僅剩下二十人左右完成。

　　每日我從丹鳳搭公車到民權西路與承德路口下車，再換車轉搭到職業訓練中心（已遷移天母士東路）。班上男女同學只有我一位是身障者，第一天開課自我介紹時，同學並沒有特別對我提問事情。

　　王美琴老師與郭老師嚴格要求同學要一筆一筆書寫製圖的字體，而且要很工整的寫「正楷」刻印字形。我那一貫龍飛鳳舞的行書字體，真的踢到鐵板了！看似雜亂啊！

　　我的畫圖紙與製圖面總是無法保持乾淨。因為我的手掌心生就很容易冒汗，而製圖用紙又最怕弄濕會縐掉，加上鉛筆的炭屑與手汗水溶合一起即刻污損圖紙面，常常弄得作業圖髒兮兮、奇醜無比。

　　我對於解讀這般立面體、平面圖、透視圖等實物繪圖與展開圖沒什麼概念，也不懂「讀」圖與空間之關係，因為從來沒有學過製圖，經常把圖形的實線條或虛線畫錯。如圖形有中空之處或部分被截斷時，就要用虛線來表示，但我就是會搞錯空間關係。

　　我與同學互動良好，有一次班上舉辦郊遊活動，去當時尚未完工的翡翠水庫上游烤肉，我自告奮勇扛著一顆大西瓜渡過溪流。行走在大太陽底下，我全身衣服溼透透，臉部完全曝曬在外，曬得每一吋疤痕肌膚熱燙燙的，疤痕由紅暈色轉成紫色樣，活像似一攤七彩水果。這是受傷後第一次參加戶外郊遊活動，我不覺得辛苦，卻是玩的很愉快，一生難忘。

珍惜這段職業訓練時光，結識一些新朋友，雖然相聚時間不長，但對我來說，卻是一個邁向嶄新生命的日子。

六個月的職訓期結束，應徵時能不能派上用場是問題所在。職訓中心為學員推荐並介紹工作，我去過兩家建築師事務所面試，但一樣碰到軟釘子，讓我心裡很不舒服，真正是結業即失業。

話說面試當天早上，依通知時間到場報到，現場已有十多人等候中，我見狀開始緊張不安起來，心想怎麼有這麼多人來應徵？

主試者問：「你有經驗嗎？」

我說：「還沒有。」

主試者說：「那就等候通知。」

我愣了一下即起身退出。手上的一幅建築繪圖作品，都還來不及打開給他看，就結束了第一次面試。出來後很洩氣又自卑，為什麼談話時間不到三十秒？我都還沒有介紹自己就匆匆結束，這算什麼應徵面試？

一周後，我去另一家事務所應徵。等候輪到我面試，助理正面瞧見我後，面露驚慌失措，並夾帶著疑惑的表情說：「你是來應徵的嗎？」

我回答：「是啊。」

他隨即回說：「我們已經找到人了。」

我才入大門，二門都未進，怎麼就已決定錄取的人選？何況後面還有一些人在等待，我前面也不過幾個人面試完離開而已，這行為分明是在唬弄我、歧視我，讓我知難而退的動作。

當時一般人對於身障者並不了解為何，有些人會聯想或直接認為是不祥的因果，是祖先失德的報應，對身障者既歧視又忌

諱。一再被不了解身障者的社會無情的遺棄，想起來真是令我心痛，也讓我見識到現實的人生。這些雇主是在職訓中心登記徵才，由中心的老師轉介就業機會。

一個嚴重「被火紋身的人」，單槍匹馬去求職面試，沒有就服專業人員協助與雇主溝通狀況，要成功輔導就業實在很難想像。這時代，職訓中心缺乏就業服務員機制設計，評論就業媒合服務就不夠專業與周到。

坐困愁城等回音，望眼欲穿無喜訊。我持續寄發自傳與履歷表，前前後後不下二、三十件，但仍然石沉大海，沒有任何一家回復訊息。

時時提醒自己，人不可以喪志，此時的我，卻已喪氣。我積極的學習工作技能，希望一技在身，不必靠他人施捨度日。但當我想靠自己的力氣站起來，四周卻築起了高牆，這實在是一個相當諷刺的社會！

但是，我就是不死心，開始尋求媒體的協助。就在九月底，《聯合報》新北市地方版報導了一則與我同病相憐的人——沈曉亞小姐——的求職人生，我仔細閱讀後，鼓起最後的餘勇，寫了一封信投書報社，內容主要訴求我遭遇同樣的處境案例。

幾天後，地方記者鍾先生過來採訪我，隔日十月九日報導出來。一時之間各方信件如雪片般飛來，有關心者的問候，有願意提供就業機會，有想結交為朋友，還有更誇張的，欲邀我加入幫派一起打拚！

一夕之間門庭若市，有些人乾脆自己找上門，直接到家按門鈴。送信的郵差，只要有我的名字，不管有沒有寫地址，在這一

個月的時間裡，也一股腦兒的送過來，真是有夠厲害。

因為這個機緣，我認識了沈曉亞小姐與黃小卿小姐。一周後，我們三個人約在黃小卿家碰面，激盪出一些想法與對未來的計畫——為有同樣遭遇的人成立顏損燒傷服務協會。

有一天，李先生與一位年輕人找到家裡來說：「我們親自登門來看你，想找你到事務所一起工作，不知你是否有意願？」

我說：「如果工作適合，且為能力所及，我當然求之不得。何況我投書報紙就是因為求職不順。謝謝你們，如此勞師動眾，真是溫暖我心。」

幾天後，我到劍潭通河街附近的私人建築師事務所工作，負責人每日交代我畫一些設計好的剖面圖，一方面讓我練習及強化繪圖的能力，一方面讓我學習他們製圖上的實際作業。

他們待我很好，很客氣，每日有說有笑的與我分享他們在外面的樂趣，我感受到他們的熱情相待，與工作環境的歡樂氣息。

然而，就在工作三個月後，正值春節收假上班第一天，同事告訴我說：「事務所已沒事可做，要歇業一些時間，很抱歉！」

我一聽告知實情，就傻眼了，怎麼會這樣？

其實，對於學建築製圖的我，已是注定面臨失業的事。這個時候正值國際原油價格飆漲，也是國內通貨膨漲之始，火車頭的建築業正邁入蕭條期等諸多因素。只不過不懂經濟面的我，尚不知景氣的冷暖罷了！

結束短暫的事務所見習工作，就像一場煙火，光與影的交錯，瞬間又墜落凡間踏步去尋芳，灰飛煙滅、無影無蹤，也像似一場夢，它不知為何而來，也不知為何為真。

南下大社投奔同學兼復健

好久沒有聯繫的高中隔壁同窗蔡同學突然來台北看我，我著實嚇了一跳。因為跟高中同學近乎完全失聯，有好長一段時間沒有跟他通信了。

蔡同學聊起他的家庭與生活，聊起他的工作與事業發展，讓我欣羨不已，感觸良多。

我希望藉由工作生活來加強手指關節的靈活度，以及工作上的運動以訓練雙手手力與力道增強，並強化重量訓練，如抓緊力、平持力、提舉力、握力與負重力的操練。

若有事情可做，也可以探索自己適合做什麼，總比窩在家裡好多多。所以我急欲出去做一點事，至少讓自己的生活有目標、有方向。

我跟同學分享我的內心想法，同學說：「若要做牛，免驚無犁拖，若不嫌棄，就到我那邊做雜工。」

我說：「不是嫌棄的代誌，走到這個地步，我還能選擇什麼？我有條件選擇嗎？」我只有向前行，我抱著唯有埋首，才能出頭的信念，繼續我的新生命。

心動不如行動，我即刻南下高雄大社投靠同學，開始雜工的日子。

剛開始我連拿榔頭的力氣都很有限，只能抓握住磅數較輕的榔頭，做一些簡易的敲敲打打小工作，或者是搬運比較輕便的原木材料。

一早起來開始曬木頭，晚上則負責收拾。

我的工做事項雜，如用機械刨木料去外皮，處理半成品木頭截斷面加工，偶爾釘「珠仔台」路線釘的定位，卻因手工生產品質不佳被退貨，因為手掌心出汗侵蝕，鐵釘氧化生鏽導致賣相差。

還有處理乒乓球桌面的毛細孔紋路、釘孔穴洞補白土，操作研磨平整機，抹去修補泥灰凹凸處，整理球桌支架、腳架及組裝套上螺栓零件等工作；與同學一起準備預鑄撞球桌水泥台面，定位模型組合前置作業，放入細鐵絲網架樣品，備料與攪拌砂石和水泥，最後澆灌於模型等待風乾備用。

這些看似不怎麼樣的雜工，卻常常把雙手虎口處弄得傷痕累累破皮，水泡處處不絕，各手指之間更是一處又一處輕重傷不斷，指甲肉與指甲之間常角質化與龜裂性流血。在冬季時期最糟糕，這樣的情況迄今還是無法改善。如果平時沒有作好保養潤濕的功課，則龜裂出血更是厲害。

我知道這樣的工作內容雖然有點辛苦勉強，但我沒有其他退路可走，只有像過河的卒子前進。我坦然的面對這個不容易的差事，心中只有一個意念想法，只要我做得來的我就做了。

如果以現在的後見之明來看這些雜工，我認為，就是因為這些磨練過程，強化了我的手指復健，並展現出復健的力道。我的手指力道甚至是在這樣的工作環境中，無形的恢復起來並建立起自信心。如果有機會與我握手過招，可別忘了我的輕重力氣。

將復健功課融入工作生活，我讓手指一直持續運動，一直接觸或磨擦物質材料，盡可能碰觸生活上的物件，自然而然的就不怕痛、不敢碰，而且產生力道使勁，大、小、粗、細、旋、扭、

轉、提、握、拉、推、拔、取各式各樣的動作，這些基本功夫都能作得出來。

原來我的手用力時會抖動，於工作訓練之後，已有力勁產生，就不再有顫抖的情形發生。另外雙腳疤痕處的刺痛與麻麻的感覺，漸漸地得到緩解舒暢，發現我能站立不動更長的時間，這些意外的收穫，真是讓我高興不已，無形中累積出信心與能量，我很清楚看到自己的進步，並重拾信心與活力。

除了工作，還是工作，每日忙得不可開交。我早上天一亮就開始工作，也不會問幾點開始上工；晚上則常加班到九點或十點才收工。到了假日休息，我才有空可以回屏東鄉下看媽媽，聊一聊故鄉的事，看一看家裡的人，這是我最快樂、安慰的時候。

有時候與同學利用晚上下班的時間，到高雄市內看午夜場電影，或者與同學騎摩托車去鄰近的縣市郊遊踏青，走南橫路段大峽谷，去田寮月世界等都玩過，如此讓身心獲得調適，充實文化與休閒活動。

這一年不到的日子，我在生活上過得很自在，在工作上有事情可作，沒有時間去想其他有的沒的事，日子過得很實在，自得其樂心平靜。

參與發起陽光慈善行動

「請問陳明里在嗎？」

一九八一年十二月一日近午時分，一通來自台北的長途電話響起，蔡同學把電話轉給我說：「阿里，要找你的。」

我心想會是誰要找我？又沒有人知道我在這裡做事。

遠端傳來一年不見的沈曉亞的聲音，她快言快語的說：「我要介紹一個人讓你認識，他叫陳俊良，基督教勵友中心的總幹事，我們正在籌備成立『陽光慈善基金會』，所以打這個電話想邀你一起參與記者會及發起的工作。」

接著她把電話交給俊良兄，一時說話聲音變得很大。他問我：「如果安排記者訪問你，在《自立晚報》上刊載報導，你是否介意？」我回說：「好啊！這沒什麼問題。」

我活下來了，怎麼辦？政府為燒燙傷者做了什麼事？

當我在尋求他人的服務時，曾有過一個念頭，若能為自己人作一點事情，那一定是一件美好的事。但是我又想起，跟我一樣的人在哪裡？這些人現在又怎麼了？他們的生活適應如何？他們的基本工作是什麼？

有一天，我打電話給《台北市肢體傷殘育樂協進會》洽詢服務項目，接電話的工作人員說：「對不起，我們沒有提供臉部傷殘者的服務。」

如此的回應讓我一時之間感覺很失落、無助、徬徨，怎麼沒有協會提供這般對象的服務？難不成沒有需求？我一直耿耿於懷。

就在我與曉亞與小卿初見面時，我提起這檔事，希望有朝一日有機緣投身其中，而這個夢在一年後終於出現了！

「請問陳明里在嗎？」《自立晚報》的池宗憲記者來電找我，寒暄之後即進行電話採訪。他特地到大姊住處找照片，照片中的我扛著一顆大西瓜模樣。

十二月七日《自立晚報》刊載出我的遭遇，二版標題如下：
「自卑感與排斥作用之下『醜陋的臉』後辛酸誰知，陳明里的不幸遭遇令人同情和惋惜，他不敢有奢望但求憑技術謀一枝棲」。

當日我特地跑到楠梓區內買一份報紙，想知道池記者寫了什麼？心情真是有如十五隻水桶──七上八下，既緊張又怕受傷害。

還好這一次我人在南部比較安靜，除了工作夥伴外，並沒有人看到報紙後跑來找我。

一九八一年十二月十八日前數日，曉亞及良兄再三各自來電，一再確認，催促我一定要出席。隨後他們寄來邀請帖，讓我知道發起的內容與目標事項。

我這個人的個性是「答應人家，是卡慘欠人」。既然已答應邀約，我當然一定準時出席與會。我向蔡同學說：「我要上台北一趟，參加『陽光慈善行動』發起茶會記者會活動。」蔡同學聽了，有點遲疑，因為他擔心我會受騙。但是，他還是支持我北上一趟探個究竟。

記者會的前一天，我即北上回大姊住處。

十二月十八日午後兩點，我準時出席與會，就在台北市許昌街YMCA青年會波士廳進行記者會。會場除了沈曉亞、陳俊良總幹事、工作人員董瑞珠小姐與郭淑媛小姐等是我認識的人外，其他的與會貴賓，我完全不認識。當日由馬叔禮先生代李文擔任主持人，俊良兄則請我說一些話，但我完全沒有準備，便婉謝了他的邀請。

我從來沒有出席過這樣的場合，這是我第一次正式公開露

面，而且是個記者會，我全神貫注，注視著全場氣氛，我很敏感周圍的一舉一動，尤其是記者的攝影機與燈光對著我時，我不敢正面讓他們為所欲為的正拍，我用身體的移動來回應鏡頭的強迫侵犯人身。

公開露面與躲避鏡頭的矛盾與衝突間，我跨出生命中的一大步。

某董事長回憶說：「明里當時看起來憨憨的，留著長頭髮遮住臉，一副很畏生害羞模樣，現在看起來是帥多了！」

我找個安靜的位置坐下，偶爾才與鄰旁的人說說話，董瑞珠小姐、郭淑媛小姐及曉亞不時過來熱絡的招呼我，並介紹人讓我認識。

一時之間燈光、攝影機及照相機此起彼落聚焦於我身上，趨近身體的鏡頭讓我感受到一股無形的壓力，內心開始不安起來。此時感受到面對鏡頭的勇氣，比我面對陌生人還要艱難可怕。

我強作鎮靜默不作聲，並深深吸一口長氣，嘗試著壓抑內心的衝擊好冷靜以待因應，提醒自己不要正面去看鏡頭就好。另一方面自我安慰：這也沒什麼好怕的，反正攝影記者拍完之後，就會自動離開；文字記者採訪之後，也一樣會離去。唯有留下的是如何自我療傷止痛，因為記者一直要去挖傷疤與說一些不堪的往事情節。

這些與會的人見了我之後，這第一類的接觸感覺又是如何？

多年以後的一天，創會董事長吳東權先生聊起：「第一次與明里用餐，心裡確實很不舒服，吃不下東西，心中有著一股憐惜之情！」

記者會後一週（二十三日），我再度北上出席募款晚會，那晚就在輔仁大學的中美堂放映「象人」電影募款。

　　主辦單位特別介紹我出場，要我現身致詞說話。這是我第一次面對一群學生，也是我第一次「勇敢」的面對群眾，我說：「我希望這個社會能善待我們這樣的人，給我們一個機會，給我們生存的空間！」瞬間一束強光投射在我的臉上，我有點驚慌那燈光的刺眼騷擾，非常不適應。

　　離場之前，俊良兄又安排了華視新聞雜誌節目攝影小組的專訪。拍攝之前他們希望我能「正面」面對鏡頭，但我拒絕了他們的提議，只同意他們從後面取鏡。如果他們從正面取景，我就立即轉向拒錄。我希望他們尊重我的決定，最後就是這樣作完錄影採訪。

　　有一件事情，我要在這裡忠實的記載下來。該節目播出後，陽光基金會只收到該節目製作單位轉來的新台幣壹千元捐款入帳，其餘的金額，概由該節目製作單位收下。

　　籌備會主委李文小姐不解為何如此？特地打電話求證。他們說：「因為捐款者並未注明要給『陽光慈善基金會』籌備會。」當時的文從道製作人與陳月卿主持人異口同聲對籌備會李文主任委員如此表示。

　　自始迄今我一直覺得非常遺憾，也對這些巧取豪奪的媒體人，留下了一輩子不屑與厭惡的印象。講什麼「捐款者並未注明」鬼扯、硬坳。

　　如果現在問我當時為什麼會閃躲相機的正面鏡頭？我的答案是：當時我還沒準備好。何況這個社會也還沒有準備好，說不定

我會嚇壞一群人，說不定有人事後吃不下、睡不著、要收驚。

現在換我問你：你準備好了嗎？你看到我驚嚇嗎？與我搭車共乘，敢與我同坐嗎？自然的一起與我同桌用餐嗎？更露骨的問，你接納了「顏面損傷者」嗎？你碰到時，不會作出驚人之舉嗎？你願意成為這些人的朋友嗎？平常心相待，您我都自在。不用刻意強迫自己，自然最美。

喜歡開玩笑，練肖話，如果白天我在路上嚇到你，那是教育部的責任，是這個國家的教育機關及媒體人，沒有好好的盡到教育的功能與天職。如果我晚上出來嚇到人，嘿嘿！那算我的部分責任，我負起道義責任，補償您一元紅包，請您去找人收驚。這樣你接受嗎？還算公平吧？

其實您不懂我的心！我絕非您所看見的表相世界，我的內在才是您要探索的生命層次與活下來的意義。

打破世俗觀念捨我其誰

陽光基金會創會於一九八一年聯合國「國際殘障者年」尾聲之際，一群社會人士率先挺身而出，要為顏面傷殘者爭取權益，如舉辦義診提供醫療諮詢服務、心理諮詢輔導服務、協助就業媒合服務、急難生活補助等，希望協助顏面傷殘者早日重享陽光的溫暖，籌募基金推展工作，進行「象人」電影義演。（注：忽略燒燙傷者，亦即肩膀以下燒燙傷之疤痕倘若癒合後不影響身體各部器官關節運動功能障礙，迄今還是未能取得身障者之權益保障。）

街頭看不到「顏面損傷」者活動，這些人在哪裡？

街頭沒有顏面損傷者活動，表示這個社會有看不見的障礙，隱藏著非民主、無人權、不人道的社會型態，如歧視、不尊重、成見、偏見、負面，還有遺留因果、詛咒、報應等傳統觀念在人們心中作祟。

禮運大同篇，暗藏「廢」字言。從古至今社會一直以「殘廢」來稱呼障礙者，把「殘」、「障」等同於「廢」，真是悲哀！換句話說，有「殘」必「廢」的觀念深植人心，這也太離譜了！

「鰥寡孤獨廢疾者皆有所養」先師太理想化，卻也誤傷了當今傷殘者。社會參與才是主流，關起來養是落後的第三世界！傷殘者有類別之異，有先天與後天，有障礙對象之分，有程度輕重之差，怎麼可以一竿子打翻一條船？別以為「殘廢」只是個稱呼，障者深受「廢」之傷害。

邏輯不通，教壞大小漢。要怪教育部門一直用「殘而不廢」形容奮發向上的傷殘者，更離譜的是政府官員，為人師表者與傳播工作者，也常用「殘而不廢」來描述、激勵一個有為有成的傷殘者。

別在說「殘廢」這實在有夠刺耳，是習焉不察的說法。障礙者確實在某些生理或心理上有「失能」狀況，但絕不是無用的「廢物」。（注：各業保險給付項目名稱已將『殘廢給付』修正為『失能給付』以正視聽）

面對陽光，陰影就落在你背後。我很喜歡這一句正面積極的話語。

有一次《陽光基金會》舉辦徵文短句活動，來信當中有一

張卡片寫著：「面對陽光，陰影就落在你背後。」這句話深富哲理，展現行動意義，直覺迎向人生，鼓勵傷殘者要向前看，不要向後看。

這句話深深的激勵人心，也深深的打動我。但這個社會有一群「邊緣人」在陰暗處躲藏，這些人在世界的潮流當中被淹沒、被遺忘、被忽視。這些人只能留在家裡自怨自艾，這些人在生命中空留遺憾，這些人在陰暗角落處掙扎與吶喊，這些人可能有才華等待被發掘，要自己站出來談何容易？他們的生命舞台在哪裡？

一九八二年二月一日籌備會在空軍官兵活動中心召開記者會，呼籲企業界提供就業機會，幫助顏面傷殘同胞，發布醫療補助與貸款辦法。我應邀出席記者會當「主角」發言，公開向社會喊話。記者問我：「你希望有什麼工作？」我說：「我期望社會正視這些朋友的工作權、生活權，能提供就業機會給傷友。」

俊良兄試探性的邀約我，要不要上台北擔任兼職幹事？又說：「目前只有曉亞一人半職，在人力上稍嫌不足，希望你能來。」這問題來得太快，我並沒有當下答應俊良兄的提議。

我自問：我能扮演什麼角色？能作什麼差事？萬一有什麼狀況沒作好？或者是把人家的心意給搞砸了，那豈不是罪過！

接著曉亞來電詢問：「有沒有可能回台北工作？」我回說：「如果現在就離去，我對不起同學。我不能瀟灑的走人，說走就走，我要跟同學商議才能決定。」

感受一年前的意念就在當下，還熱呼呼的願景，如果不答應，實在說不過去；如果答應，自己的能力勝任嗎？左思右想不知如何是好，但「使命感」卻持續在心中發酵，一股「捨我其

誰」的想法已浮出心頭。

趁著春節回家，平時少見的堂弟妹也陸續回來，堂弟問起我參與發起陽光的事，我回答：「籌備會這邊想邀我去工作，但我擔心沒那麼簡單，因為我不懂基金會性質的業務，所以很猶豫到底要不要接下這個工作？」

堂弟直言：「這有什麼好怕的？不懂可以慢慢學！而且他們開口找你去，事情總要有人出來做，如果連你自己都不跳出來，還會有誰站出來？總該有人帶頭領先，你就是這個先鋒人物。」

堂弟一席話霹靂啪啦，如雷貫耳、也刺耳，直逼我的心坎兒。

心裡頭有了踏實堅定的答案，我決定回台北工作，投入「陽光」的福利服務志業。我告訴自己：「這是一個機會，是有意義的行動，我不會坐享其成，搭便車心態，這不符合我追求公平正義的本性，我要有所行動。」

春節後我向同學說明心意，同學說：「你要不要再考慮一下？萬一又是一場空……」我說：「沒有上去試，也不知道事情的真假。至少我已參加三次活動了，應該是假不了。」同學知道我的想法，了解我的心意後，轉而支持我投入，希望我為這些一樣受苦受難的朋友做事。

獲得同學的理解與祝福後，我開始打包收拾行囊，再次回到大姊住處預作上工前的準備。

一九八二年的二月十五日中午時分，我騎著偉士牌九十摩托車來到莊敬路的臨時「陽光辦公室」，接待主人是吳姊與俊良兄小孩，這是他們的家。他們把客廳的一角空出來，加上一張小桌子，充當臨時辦公室，我與曉亞輪值各自負責半天的工作。

我正式接下這份差事，開始作一些抄抄寫寫的文書事務，學習接詢問的來電，如何開立捐款收據，如何處理郵局劃撥進來專戶的捐款。

陽光溫暖希望我撩落去，我重新學習新生活。

甫上任即接獲關心的電話不斷，俊良兄來電問吳姊我是否已報到？接著籌備主任委員李姊來電問候，未曾謀面的劉俠（杏林子）也即時來電，相約週日在花園新城家裡見面。一個下午就在電話問候與關心中忙碌著，既興奮又感受到大家的熱情相待。

雖然泰半的人我都未見面也不熟識，但他們已把我當成好朋友般對待。我一方面閱讀資料以進入狀況，一面處理回覆信函等例行公事。我迫不及待想知道更多事務，以及執行籌備委員會所規劃決議要做的事。

二月二十三日，籌備委員會南下高雄前金民眾服務社，舉辦「寒冬暖陽」座談會。為宣導社會接納顏損傷友，籌備會透過影片「象人」義演的方式進行募款，二月二十四日在台北醫學院大專青年活動中心，舉辦電影「象人」影片的義演募款，我都到場現身說法分享。

三月四日籌備委員會召開第四次會議，決議成立「陽光傷友俱樂部」，希望透過陽光俱樂部的活動，凝聚傷友生命力量，讓傷友分享生活體驗與經驗，以互相激勵，互相扶持，進而參與社會公益活動，回饋社會。

這是國內第一個「支持性同儕團體」出現，落實「傷友服務傷友」理念精神，藉同儕力量推動身心障礙福利服務工作的組織，影響所及後續的國內病友團體紛紛仿效成立。陽光俱樂部旋

於四月三日首次舉辦北投「硫磺谷之旅」戶外活動，鼓勵傷友接近大自然，舒放胸懷，迎向陽光。

兩週後換了辦公室，搬到信義路二段與新生南路之間這是租的。

有人憂天！有一天中午，我與曉亞到永康街上一家牛肉麵攤用餐，她一臉正經的劈頭就說：「我要走了。」我一臉的疑惑與不解，追問：「這怎麼回事？你在搞什麼？」她說：「目前籌備會的基金有限，要養一位半職員工，可能都付不出薪水，現在又加上你，更讓我憂心。」

幾天後她真的沒來上班了。俊良兄與我商議人力問題，並作了緊急應變，邀請小卿加入工作。會務量愈來愈多，俊良兄辭去《基督教勵友中心》總幹事工作，兩個人像王哥、柳哥一樣到處跑行程。

一個月後，我成為全職的幹事，從早忙到晚，要負責外頭公關宣導事務，譬如說，與俊良兄一起出席獅子會，報告專案活動計畫與募款，接受電台廣播節目現場採訪或錄音，配合電視台專輯錄影。

四月八日《中國時報》生活版有半版報導，由陳賀美專訪黃、陳兩位幹事受傷前後的生命歷程故事，引起社會大眾熱烈的迴響與踴躍捐款，一夕之間郵政劃撥捐款如雪片般湧進，考量「責信」並即時開立收據給捐款者，以一個人力是忙不來的，光每天例行開收據就寫到手軟。此次捐款總計約有八十萬元以上，是一次漂亮的社會教育宣導、募款，而基金會登記立案所需的五十萬元基金，就在這次報導下募集資金到位。

「陽春的微笑」義診開展陽光直接服務個案工作。五月四日國際獅子會三○○A區第二專區舉行聯合會，會中邀請陳俊良常委及我與小卿三人蒞會報告活動籌備情形，說明合辦義診計畫的執行進度。

　　我應邀上台向獅子會會員分享我的重建歷程，面對台下好幾百人出席與會，我緊張到背脊直冒冷汗，手心也是冒汗，我結結巴巴的代表說話，不敢多看一眼在台下的人，好像經歷一場世紀之戰。

　　這份工作出乎我的意料之外，有文場，也有武場，還有要跑龍套的事，甚至還要與辦公室內的伙伴們一起分擔雜工。

　　一個學非相關科系的人，又沒有實務經驗，全賴俊良兄「師帶徒弟」的方法學習工作，難免有些疏漏，但確實讓我學到寶貴的經驗。有一天良兄對我說：「阿里，你要不要去上一些有關社會工作的課程？」我回應：「好啊！我正想利用晚上的時間進修，看看這個領域是什麼？如何說？如何作？」我用下班時間，去參加基督教「互談會」進修工作上實用的課程，充實實務知識與專業知能，解答工作上的疑惑。

　　一九八二年九月二十三日台北市政府教育局核准「財團法人陽光文教基金會」立案，以新台幣伍拾萬元整作為基金起家。

　　一九八三年三月一日《陽光文教雜誌》創刊發行。好不容易找到兩位世新學生（鄧卿卿與邱奕嵩同學），以及二位負責繕寫的志工（月娥與美玉）支援，經過同學半年多的教導與實作編輯後，我接手幹編輯活兒，覺得好玩又有趣，可以學到整套的編輯東西及作業方法。

天下無難事，端視您如何看待。整個過程正好把過去所學的建築製圖功夫用在這個當口上，正是歪打正著。從此陽光雜誌的寫新聞稿、編輯美工、年刊彙編、書籍出版、發行大小事務，我全包下來！

7 浴火鳳凰更勝鳳凰

權利不會從天上掉下來。

與其等待，不如起而行，我不是坐享其成者，更不是搭便車者，這不符合我的行事個性、核心價值與願景。

傷友是陽光最寶貴的力量

不分晝夜服務。有一天夜裡十一點多，我已經在睡覺，突然接獲淡水沙崙海水浴場分駐所打來的電話說：「陳先生，我們這裡有一個女孩，她在海域徘徊不去，夜晚被海巡人員巡邏發現，問她什麼話都不說，她只說認識您，請您過來一趟好嗎？」二話不說，我立即騎機車出門。

我感受到工作責任重大，但我不退卻，我的生命價值將在這裡實踐，生命力要擺在對的地方，用在對的事情上，讓脆弱的生命燃起新希望。

一九八二年五月下旬起，「陽春的微笑」義診活動開始展開，從五月二十六日至六月二十六日止，為期一個月，每一、三、六上午由和平醫院整形外科林秋華主任醫師及林文祥醫師聯合看診，國際獅子會三〇〇A區第二專區贊助舉辦，進行個案暨

醫療服務，安排手術計畫。

　　一批又一批參加義診的顏面損傷者，在這裡找到希望。從傷友淚眼中流露出希望的眼神，深刻感受到傷友的感動與盼望，因為過去從來沒有人提供這樣的服務，也從來沒有人問過我們（傷友）需要什麼。

　　從傷友身上我看到生命的價值與態度意義，我聽到感動的故事與勇氣展現，我感受到對生命的執著與改變的力量。傷友微弱的希望是陽光的動力原素，傷友深切的盼望是陽光的拉力動能，這些無數的活力在義診後陸陸續續回到陽光，一起與生命共舞、流淚、流汗、收割。

　　山哥是一位先天性「進行性血管瘤」傷友，他的嘴唇周邊與下頜骨間，有增生肥厚性的肌肉組織，翻轉及下垂的症狀很嚴重，喝水、飲食或吃流質時，會有外漏滲液的現象。義診一個月後，他回醫院接受整形手術，手術相當成功，把多年來累積在臉頰上的「增生肥厚性肌肉組織」切除掉，補了一塊完整又漂亮的皮，看起來帥多了。

　　人少事多，工作人員來不及作個案後續追蹤服務，所以不知道他已回醫院手術完成宿疾，沒有人去「院訪」關懷他，他顯然有點失落，為何陽光沒有人來看他？有一次在俱樂部的活動中，他說：「我好想看到陽光的工作人員，帶著一束鮮花，來醫院訪視，作關懷鼓勵。」這是他小小的期待，但我們卻疏忽了。一時之間我內心有一股強烈的虧欠感。

　　山哥後來積極投入志工行列，熱心助人不推辭，情感豐富又溫柔細心，人緣好並成為「俱樂部籌備會」召集人，被票選為第

一屆陽光俱樂部部長，一度擔任基金會行政總務職務，及一任陽光董事會董事職，也是內政部第一屆「金鷹獎」得主實至名歸。

他的攝影藝術才華與內涵氣質甚得大家肯定，他是我的好哥兒們，我從他那兒學了很多攝影技術，他毫不吝惜的指導我如何取景或構圖配比，如何運用及操作單眼相機光圈與速度，使用何種廠牌底片會有什麼樣的正負或增豔色彩效果，如何使用快門線拍攝夜景及讀秒等技巧。

再來是翁小姐，她屬後天性「鼻骨神經纖維瘤」增生病患者，其小學三年級時發病變異，之後臉頰鼻樑處開始不對稱增生，鼻頭與鼻樑間延伸到右眼眶，漸漸地被擠壓變形，形似一團發酵的饅頭狀。她被同學取笑，受不了同學惡意羞辱，只好輟學在家養病，孤立無援。

長久以來她到處尋醫求治不得，組織已化膿腐爛、血絲夾雜著滲液、惡臭現象非常嚴重難聞，人在一公尺外，就可以嗅到患處散發出來的異味。父母曾帶她找過中醫赤腳仙，但毫無改善跡象。最後家人絕望放棄治療，只能眼睜睜的看著等死。家人為了籌措龐大醫藥費用，一度想把她交給賣狗皮藥膏者，去跟隨江湖雜藝團亮相賣錢治病，最後家人還是不忍心而作罷。

當日兩位基督徒陪她來義診，她千里迢迢從嘉義縣鄉下上來。護士周小姐細心把覆蓋在傷口上的紗布掀開，林秋華醫師及護士與工作人員莫不訝異不已！林醫師問診後說：「我幫你轉診到長庚醫院，去找整形外科顱顏畸形專科陳昱瑞主任醫師診療。」

一干人匆匆趕到長庚醫院掛號候診，經陳醫師診察後，再

擇期安排該院醫療團隊會診，有整形外科、腦神經外科、眼科、耳鼻喉科等專科，有社會服務課王金英社工員接案介入，評估個案家境收入情況及案例特殊性質，長庚醫院同意以「醫療學術專案」方式，給予完全的免費醫療資源。

一九八二年七月十日翁小姐於林口長庚醫院開刀，經過二十三小時的團隊接力賽，動員長庚醫院頂尖的專業醫療團隊，從早上第一床進入手術房，一直開到隔日早上六、七點，終於完成她的第一次手術。

翌日，我趕到醫院病房院訪時，正巧在手術房走廊上遇見陳醫師，他剛從手術房出來，仍穿著綠色手術衣。陳醫師說：「一切順利，非常美好！」這一刻，真是感動我心，止不住淚水。我放下心中的擔憂，三步併作兩步趕快跑去向家屬報平安，並向一起為她努力奔走服務的摩門教徒姊妹致意與致敬，在生命轉角處遇到這麼多貴人拯救心靈。

有一年，陽光俱樂部辦理一場兩天一夜的阿里山旅遊活動，回程安排去翁小姐家鄉作客，翁小姐父母特別籌辦了五桌豐盛的外燴午宴招待所有的人員，就好像在辦女兒歸寧的喜宴一樣慶賀，當下我淚流滿面。

關懷遠至馬來西亞來的僑胞張四妹女士。她經由楊子先生轉介，來台灣治療魚鱗癬症。一九八二年八月五日我率同仁及義工一行四位到醫院慰問，二十九日陽光俱樂部邀集十位代表，齊赴台北長庚探視張女士。我們準備了慰問卡及大小禮物，帶廣東燒鴨，正流行的漫畫本老夫子送她，在祝福聲中，期盼張女士眼瞼植皮成功。

您知道眼瞼有何功能嗎？它的功能可大了，可以防風沙直接吹入，異物入侵眼睛，避免眼球乾涸，淚水外溢，導致眼睛失明。

再說一個，眉毛有何功能？除了美觀之外，它可是發揮遮攔汗水直接灌注眼睛的一道防線，將汗水（又鹹又刺激）引流導向兩側的好衛兵。

為了解傷友需求，十一月七日辦公室舉辦「我心有千千結」座談會，邀請俱樂部的傷友、家屬參加。第一個單元為「還我本色」，談整形、復健及其他醫療問題；二十一日第二個單元為「與我同行」，談傷友自我接納、家庭溝通、人際關係、異性交往、婚姻等問題。

從這裡開始我們與傷友作第一類的心靈接觸，我們聽到眾多傷友的心聲，如需要醫療費用補助，就業服務媒合，爭取權益，盼望修訂「殘障福利法」，將陽光傷友納入法令（歷經倡議八年抗戰始完成修法），獲得福利保障。當下不分熟識或不熟識的人，彼此暢所欲言話鬱卒心情，將沉積多年無人聞問與關心的話題爆發，一股腦兒的講出需求，就像水庫洩洪般滔滔不絕。

俱樂部活動一場接一場，有室內的對話，傷友經驗分享時間；有知識專題講座，談醫療新知整形、精神疾病、如何照顧疤痕等；有戶外旅遊行程，如辦過花蓮、中橫、阿里山、蘭嶼、綠島、墾丁、鵝鑾鼻、澎湖、金門、苗栗等風景區活動；有關懷個案院訪與家訪支持互動；有定期慶生會與聯誼活動；參與基金會的倡議權益與修法公聽會；聲援重建中心反鄰舍住民的「歧視」行動；及支援陽光活動當志工，落實「傷友服務傷友」理念，體

現支持性同儕團體力量，達成俱樂部目標，傷友，是陽光最寶貴的志工力量。

一九八二年端午節前夕正好颱風將臨，當時基金會辦公室座落於新生南路上的地下室，一夕之間大水淹沒半個地下室到膝蓋高深，所有的行政檔案資料與職訓用的縫紉機器械與布匹備料一次全部泡湯。

原本當日上午要參加台北划龍舟表演賽（淡水河），我隨即拜託轉移場地，一起回到辦公室做救災苦力，一方面用抽水機抽水，一方面以徒手接力方式，一瓢又一瓢，一桶又一桶的汲水往外送，並清理髒兮兮的污泥及浸泡腐爛的廢棄物。經過一整日的清理，大伙真是累壞了，但大家還是熱情有勁的把工作做好，才帶著疲憊力竭的身子回家休息。

這是最感動的時刻，也是早期傷友們視陽光為家的時期，大家懷有一分濃厚的革命情感與友誼，並且願意為陽光奉獻的心，即使是一分微薄的勞力付出，也要積極的參與其中回饋社會。

一日陽光，終身陽光。

金馬走透透

我沒有到金門、馬祖當兵服役過，卻因為醫療義診出差到這兩個軍事重地管制區走透透，到「高坑」吃全牛的豐盛餐宴，近距離看到對岸廈門的夜色光影模糊。

當時台灣國家還在戒嚴時期，一般平民百姓無緣進入這兩個軍事管制地區。為了戰地義診，陽光正式行文將計畫案遞送至國

防部，申請後即獲得國防部的函復同意，真是讓我們喜出望外。

去金門義診一行六個人：林秋華醫師、林文祥醫師、林貴葉護士、謝才智總幹事、陳明里主任、顏香蘭幹事。甫下飛機，金門縣衛生院的工作人員已在出口處等候接機。李養盛院長特派一輛廂型車來接我們到衛生院，並佇立門口熱情的歡迎我們。

出發前只收到院方傳來十四位預約報名者，但在九月六日與七日的兩個半日看診時間裡，卻來了三十位診察者。更妙的是第三日的中午，我們已打包好要離開旅館，準備到機場搭機回台，又有人趕來求診。原來當地報紙在七日報導我們義診的狀況，不知情的患者特地跑到衛生院要求看診，院方只好把這些人快速接送到旅館找林醫師繼續看診方休。

有好幾位傷友因當地特殊的戰地環境而受傷。蔡*註先生童年時期撿拾軍方所擊發的砲彈維生，因為不知道撿到的是一顆未爆彈，在敲擊砲彈時因而爆炸燃燒，其臉部被嚴重燒傷，手指也遭到截肢。蔡先生的身體疤痕處處是傷，早期因當地醫療資源有限，而且家境經濟不佳致未能好好的手術復健，他已經很久沒有作手術了，其手肘關節處已呈現弓字形萎縮狀，手臂形成一條皮帶狀不規則的疤痕條紋，看了讓人心疼不已！

還有一位年長的婆婆，她是位唇顎裂患者。從就診時的模樣來看，她幾乎沒有動過任何整形手術，從嘴巴到鼻頭間、嘴唇及顎骨全裂性，猶如臉的下半部全是開天窗模樣，真的讓人不捨與淚濕濕地。

有一年我與傷友去花蓮玉里觀賞原住民慶典「豐年祭」，也看到一位嚴重唇顎裂的年長婆婆，一樣是嘴巴開到鼻頭間。醫療

資源不足與資訊落後是偏遠山地及離島地區共同的宿命現象，對於醫療知識的無知，及囿於古老的傳說觀念作祟，聽天由命任由脣顎裂伴隨一生是慣性。

九月十三、十四日按計畫前往馬祖義診。一行四個人，林文祥醫師、林貴葉護士、陳明里主任、顏香蘭幹事等到基隆港口所屬海軍基地處搭軍艦出航，晚上九時左右軍艦離港駛往馬祖南竿。

船上空間狹窄，尤其是樓梯走道，僅可容身擦肩而行。偶爾在船舷旁佇足觀望海面上的群鳥飛翔與俯衝覓食，海浪拍擊船舵激出雪白浪花。翌日上午十一點左右，軍艦抵達東引海域短暫停靠卸貨，為小島上的官兵帶來補給物資糧食。

海天一色，光影瀲灩，來到不熟悉的地方。下午二點左右，我們終於抵達馬祖本島。下船後，院方人員隨即開車接待我們到連江縣衛生院處，並且立即進行看診活動，這次只有五位接受診察，但也等待新個案來看診。第二天下午，我們搭原軍艦回台灣，心情隨著工作結束輕鬆不少。

燒燙傷急救宣導計畫

一九八三年元月二日台北發生了一件溫泉燙傷事故，台北市福林國小二位二年級同學與家人一起到北投地熱谷遊玩，不小心跌入滾燙的溫泉溪水裡，經送醫急救後延至二月十日一位死亡、另一位重傷。（註：傷者一周到二周是存活關鍵期）

這件意外燙傷事故，經過報章媒體披露後，引起社會大眾及陽光的關注。三月十九日陽光於北投民眾服務分社，舉辦「北投

地熱谷燙傷防護暨戶外活動安全宣導」座談會,呼籲政府有關單位加強風景區的安全措施,並提醒父母多注意孩童的戶外安全活動。

沒多久國內又發生了一件令人震驚的校園災難事件!

一九八三年三月三十日下午,台北市螢橋國小三年級某班同學上美勞課時,遭精神異常的男子侵入潑灑強酸,造成十八位同學輕重程度不一的顏面及身體灼傷事故。經緊急送往和平醫院與三總醫院急救後,總算保住性命,但是也造成七位同學在臉上留下疤痕。

官*彥同學首當其衝最為嚴重,除了頭、臉、頸部之外,他的眼睛也失明成為視障者。為此事件,工作同仁立即在第一時間展開關懷服務,進行院訪慰問,進行家訪了解個案需求,隨後陽光舉辦「兒童顏面傷殘及螢橋國小學生毀容事件之復健工作」座談會,希望校方與教育單位注意及預防校園安全事宜。

一連串事件接踵發生,令人心酸與不捨。以北投地熱谷為例,馬偕醫院整形外科主任劉國欽醫師說:「地熱谷經常發生遊客燙傷的原因為:一、安全措施尚待加強;二、孩童不懂事,不守規矩;三、家長疏忽;四、遊客未提高警覺或好奇冒險。」

劉國欽醫師表示,一般人大多缺乏燙傷急救的知識,如未能在事發後及時沖冷水降溫(沖),脫除衣物(脫),浸泡冷水(泡),以消毒床單包裹全身,防脫水及細菌感染(蓋),叫救護車緊急送醫(送),因此燙傷病患送醫時往往已錯失最佳救治時機。

基於意外事件頻繁,為教導社會大眾如何作好預防,俊良兄

及我開始構思如何進行燒燙傷急救宣導計畫。師徒兩人討論後，俊良兄即刻著手規劃陽光「預防宣導漫畫徵稿」活動比賽計畫案，發布新聞稿徵求社會大眾參與，以圖文漫畫方式徵稿，並製成燒燙傷預防宣導看板，最後放置於北投地熱谷，提醒遊客注意不要以身試溫泉水。

　　經典名句，燒燙傷急救五大步驟：沖、脫、泡、蓋、送的由來與口訣於焉產生，並成為燒燙傷急救教育宣導短句經典。（參一九八四年五月一日《陽光雜誌》第五期第一版及一九八四年七月一日第六期第三版之報導）。

　　如何降低燒傷率，是我們努力以赴的目標。那些年，臺灣的年度（內政部消防統計表）燒燙傷者約有三千人左右，經過數年的兒燙與陽光等基金會密集廣告宣導下降至二千以下，之後再降至約莫一千左右／年，並且逐年遞減到八百上下。但是，不幸的是大量燒燙傷者事件卻不停歇，而且燒燙傷面積與程度嚴重，必須進行完整的重建手術與長期的復健計畫。

走上街頭

　　我不是人？我不是魔鬼！那我是誰？這是顏面傷殘者的困境與無奈，在當時的社會環境下，對於顏面傷殘者來說可是「無法保障」，當年政府為了應付聯合國所訂「國際殘障者年」行動，倉卒通過「殘障福利法」向國際及國人作「宣示性、象徵性」交代了事。

　　該法於一九七〇年六月二日總統六九台統（一）義字第三〇

二八號令制定公布全文二十六條條文，綜觀該法沒把「顏面傷殘者」包括在內。

以我為例，法中適用於我的大概只有「上肢肢體」障礙部分，但社會大眾看到我的是「一張破碎的臉」，是「真正不一樣的表相」形象，是最醜的「五官形體」臉部，是「台灣最醜的男人」。

政府把我們擺一邊、晾一旁，你說處境會有多好？

醜歸醜，但我可是很溫柔的，我只是比較不幸，在一場電子工廠職災意外事件中，被那無情的大火，給狠狠的舌吻一番罷了！

是可忍，孰不可忍！各類障別團體忍無可忍結盟去抗議，齊力倡議修法還我天賦人權。

殘障福利法沒有顏面傷殘者的分，我們是「邊緣人」，政府官員坐視不理，相對促成陽光積極倡議修法的動力。一九八二年五月二十八日由陽光、第一、伊甸等福利事業基金會在師大綜合大樓合辦「我也是人」座談會，希望內政部社會司及立法院委員，積極對這一群「邊緣人」投注關愛眼神，儘速修法以照顧弱勢者。

社會司蔡司長漢賢說：「過去沒有見過這樣的朋友，確確實實疏忽了。」林鈺祥立法委員說：「我們願意全力『配合』部會機關修法。」真是屁話，繞樑三日，毫無動能之心。

儘管官員這樣信口承諾，座談會、公聽會裡官員與民代發言盈尺，再三回應及承諾修法，但是，仍然紋風不動，拖延近八年時間才完成。試問人生有幾個八年可以耗損？這般顏面損傷者的權益與需求有幾個八年可以等待？弱勢者微弱的聲音讓執政者感

受不到壓力，若有，也不過是「蚊子叮牛角」，無關痛癢的小事一樁！因為傷者還不懂選票是有壓力的能量。

我呢，到處獻醜賣藝，在大小公開場合現身說法鼓吹人權，大聲疾呼倡議儘速修法，到處陳情放大分貝直言不諱，公開呼籲中央政府機關及立法院委員應有積極作為動作，不要對顏面損傷者視若無睹、充耳不聞。

一九八三年九月四日，陽光舉辦「請問我是誰」座談會，首先跳出來聲援傷友毛小姐。她因臉上長了一處胎記，被國防部聯招單位拒絕報考國防醫學院護理系。基金會挺身而出，抗議國防部柿子挑軟的吃，是「不公平的待遇」歧視，政府限制顏面損傷者考試權，明顯違反憲法保障人民考試權的不當政策。

一個有為的政府不能照顧弱勢者，卻違法「設限」在先，剝奪弱勢者的考試權與工作權在後。

同樣赤裸裸的排擠與歧視也發生在警政單位。警專招考女警的招生簡章上公然寫著：「身體有疤痕者，不得報考女警。」有一位通過筆試的應考者，右大腿上有一道小疤痕，因「疤痕條款」她硬生生的在體檢上被刷下來，真是情何以堪！志願也破滅了。

女警工作又不是選美比賽，也不是當模特兒走秀，更不是跳舞當舞者謀生，如此不合理的規定於考試上，如何讓人心服口服？如此強加限制於有疤痕者，拒絕服公職的權利，公平嗎？

國立師範學院聯招的招生簡章上也出現同樣不公、不義與不合理的限制條件：「臉上留有五元硬幣見方疤痕者不得報考」。子曰：「有教無類。」職司教育者卻率先以歧視心態，違反憲法平等與保障精神，率爾剝奪人民考試及就學的權益，豈能為人

師表？

如果先孔子一息尚存於今，一定要訂正禮運大同篇「……鰥寡孤獨廢疾者皆有所養……」句子，將『廢』修為『障』以符現實世代情節，即傷殘者不一定殘廢啊？傷殘程度也有差異啊！其自理生活或自立生活能力也有差別，怎麼會是一個『廢』字思想就扼殺了所有關係人！這不對啊！

國內大學層層疊疊限制身障者所能就讀的系科。如視障者不得報考建築系、化學系；聽障者不得報考音樂系；肢障者不得報考建築系，有高普考不得報考法官；顏面損傷者不得報考外交官等傷害人權的作為。

各種資格條件限制及報考科系的不當干預，堵住身障者的學習與出路。身障者不會笨到去搬磚頭砸自己的腳，其要讀什麼科系，應該由當事者自作決定，何必有勞各位擔心！教育部不思積極作為，反而助紂為虐一起加害，讓身障者在家餵蚊子無所事事，空耗時間與生命拔河，這對個人、家庭、社會、國家都是人力資源的浪費。

官員說：「化學系要作實驗，視障者看不到，所以不得報考。」

我們說：「學校可以找人陪讀！請同學從旁協助作實驗講解，不就得了？」

聽障者，聽不到聲音，怎麼聽音？辨識音調？如何聽樂曲？

我們說：「聽障者可以借助助聽器輔助上課。」

肢障者在行動上不方便，建築系要行走工地，工地危險，所以不得報考。

我們說：「個別障礙程度有差異，豈可等同一竿子打翻一條船？」

　　顏面損傷者留有醜形疤痕五公分以上見方者，不得為人師表，當外交官。

　　我們說：疤痕「真有那麼嚴重嗎？這個『五公分』是如何審訂的？那五公分以下呢？」

　　至於國家高普考試限制肢障者不得報考法官，竟然強詞奪理：法官代表國家行使公權力行為，肢障者形體恐有損法官尊嚴，故禁止報考。

　　心術不正，胸有成見；欲加之罪，何患無詞？一個遠大宏觀的教育者應該針對不同學生狀況，延長身障者考試時間，進行個別化教材設計，這才是教育者的責任與使命，絕非不是「有教有類」的敗師家。

　　一鼓作氣一波接一波向中央機關部會首長進行拜會與請願。這般代表人物有伊甸基金會故劉俠董事長與陳俊良執行長、友愛協會劉基炎理事長、基隆市肢殘協會楊恆泰（代表肢體），陽光基金會陳明里代祕書長（代表顏殘），心路基金會宗景宜董事長與曹愛蘭主任（代表智障），創世基金會曹慶（代表植物人），臺灣盲障協會黃朝宗理事長，及聽障協會代表與其他團體等等。

　　當時政治氣候、社會氛圍及經濟條件，在民間團體已漸漸形成自立救濟的力量與結盟的態勢，對於政府官員的輕忽態度與敷衍塞責作為，已無法期待公部門會有自發性、積極性的作風。

　　情境就如大水已淹沒鼻頭上，絕不是穿高根鞋或墊腳尖之技倆就能解決眼前問題。政府官員不點不亮，即使點了也沒亮過，

我們只好進行一連串聯合「拜會與抗議」結盟行動。

在目標設定上，我們有一致的認知行動，即中央部會與立法機關非立即修法不可，不達目的絕不放手罷休。我們完全了解「權益絕對不會從天上掉下來」之理，也明白「天底下，沒有白吃的午餐」之事。

我們「同聲相應，同氣相求」行動一體，既有一呼百諾的氣概，也有分工合作的共識，藏有動員團體對象與家屬及志工的能量在心，因為選票是我們最後的祕密武器，我們了然於胸、背水一戰。

有一天下午，我們依計畫行事，帶著鍋碗瓢盆湯匙等器皿道具到經濟部去拜會，進行「要一口飯」活動陳情。然而事情就這樣發生了！

我們要求國營事業應率先僱用身障者做表態，這邊經濟部卻根本不支持並拒絕僱用，也不支持修訂「殘障福利法」案，訂立公、民營事業「強制僱用條款」本文之事。

一個下午，雙方溝通無交集，你一言，我一語爭辯不休，曹哥忽然起身說：「既然部長蕭萬長不在家，那我們就留下來，等他回來。」接著說：「現在大家開始敲桌子抗議！」頓時現場一陣鼓譟，鍋、碗、瓢、盆聲聲而起，此起彼落不絕，聲音響徹整個會議室內，大伙愈敲愈大聲，愈敲愈起勁。一旁官員見苗頭不對，開始忙著安撫，要我們冷靜，他們馬上找部長回來。

好戲正上演，一旁的媒體記者朋友，可也沒閒著看戲，紛紛搶抓鏡頭、取有力畫面，當晚三家無線電視台，就把抗議行動給播出去，放送全世界天下知。

抗議議題與行動浪潮，如吹氣球般，愈吹愈大粒，部分學者對於我們的訴求與行動，主動表示高度關心或暗中相助，並引起社會的關注與聲援。一波接一波的抗議，一如我們的行動策略逐一展開訴求到底。我們逐一拜會中央各部會不歇，尤其與身障權益福利有關之業務單位絕不放過。

　　一九八九年四月十一日上午，全國近八十個身障團體，在劉姊號召與動員下不分東西南北舟車及路遙之苦、障礙之不便全體齊聚杭州南路上，身障者要以殉道「自力救濟」方式首度走上街頭抗議政府無能，走到、爬到立法院請願，籲請立法院即刻修法，要求政府重視身障者權益及人權。

　　在未解嚴（一九八七前）的年代，人民上街頭爭取權益可是不容易的。這是弱勢團體上花轎頭一遭，為了組織動員，劉姊率先號召團體代表活躍分子，發起籌組「修訂殘障福利法行動聯盟」工作。辦公室就設在伊甸基金會一角落，僅一位工作人員林春芳小姐擔任行政庶務，她親和力夠，做事很能幹，動員力又強。

　　不分各別障礙對象、程度與男女老少，以輸人不輸陣的精神，大家天南地北全面串聯起來，為自己爭取應有的權益與福利，當天有坐輪椅、拿雙柺、騎著各式各樣改裝三輪車的肢障者，有睡在床鋪上讓志工推來的植物人，有安靜聽不到聲音的聽障者，有不把你放在眼裡的視障者，有戴著面罩（壓力衣）的顏面損傷者，及借助各式輔助器具艱辛行走支撐來的多重障礙者。

　　只要能走、能推、能帶、能牽、能拖、能哄，全部總出動參與，誰也不願成為「搭便車者」。上千人上路如長龍陣，一路上

熱鬧滾滾，像辦嘉年華會似的，只不過我們只有心酸、悲情，沒有喜悅、未來。

一般人參加抗議遊行行動自如，身障者參加抗議遊行，可是千辛萬苦大事，要動員家屬志工人力支持才行。路程不長，意義重大；人員有限，聲音要大。南北二路殘友聚集杭州南路中正紀念堂後方待命，抗議隊伍浩浩蕩蕩一路縱隊魚貫而行，行經忠孝東路、轉中山南路到立法院門口。

組織結構及成員來自全國各處精英。劉俠為總召集人，宗景宜（副召集人）、曹愛蘭（北區召集人）、邱楹棟（中區召集人）、陳博文（南區召集人）、陳俊良、曹慶、楊恆泰、劉基炎及阿里等也各司其職分工行事，還有台大學生志工隊與家屬的參與協助照顧陪同，我負責一隊領隊與糾察的雙重工作，也是進入立法院的十位陳情代表者之一。

我們這群人有老頑童劉姊，大聲公陳哥，智多星曹哥，人脈豐厚曹姊，家屬代表宗姊，拄柺杖的楊仔與基炎，及以大嗓門又語不驚人死不休的阿里疤疤陣容。有這幫老少「鬼頭軍師」一起腦力激盪與運籌帷幄操練，當然奇兵盡出不冷場，精彩可期有看頭，並成為臺灣街頭運動史的一部分。

這一場運動劃開了國內殘障福利運動先河，並為弱勢團體爭取權益及福利運動先鋒與典範。

為何選擇走上街頭？老實說，這是最短的距離，也是最長的旅程。要各種不方便者走遠路上街頭，是會出狀況甚至要人命的。所以不得不慎重將事，好好準備各項事工與人力，以及作突發性狀況與沙盤推演。

要準備什麼樣象徵性意義的禮物送給立法院俞院長，以突顯問題的嚴重性，清晰呈現身障者政策需求及政府修法的實質意義？經過民主討論決議，要送一部輪椅，並請立法院長俞國華上來試坐，讓他實際體驗一下身障者的感受與無奈情勢。

　　烈日當空，豔陽高照，參加者使盡吃奶力氣徐徐而行，一鼓作氣走到立法院門口，已是滿身大汗，一部分人已無法承受路程折磨與身子負荷累壞了。工作人員隨即依照分工幫忙整隊安排休息，並且安撫需要照顧者如自閉症患者的躁動。

　　我們十位各別障別代表正行禮如儀要陳送請願書給立委代表諸公查收，欲將一張輪椅送給俞院長試坐，並進入院內會議室召開記者會之際，狀況發生了。警衛粗魯出手阻擋我們送輪椅的動作，大伙眼見警衛強悍出手攔住輪椅，並用身體強力推擠代表前進，這下拄柺杖者不堪如此推力，如打保齡球般，人擠人當然應聲倒地，個個跌坐地上爬不起來，一時哀號聲四起，有如人間煉獄。

　　視障者不怕槍桿子。同行的視障者，只顧聽辨聲音，不識環境狀況，自在一旁大聲喊衝啊！這樣一來喊叫現場更顯得混亂不堪並且互相推擠。此情景實在不忍看，此風景亦少有，當下頓時激怒了現場所有的人員，幾位行動方便者如我、陳哥、曹姊等人，當然不甘示弱敗陣，直接與警衛正面衝突及七嘴八舌嗆聲。

　　另一方面，有幾位參與遊行的伙伴尿急，正要進入院內上廁所解放，亦同遭波及被推倒在地痛不可止，一時現場更加失控混亂，門口階梯上一片騷動哀號聲四起，群情激憤不滿警衛強行攔阻對抗手無工具又寸步難行的弱勢者，悲憤之下，這叫罵聲不絕

於耳，幾乎欲將屋頂掀開。

正當大家在門廳下衝撞吵鬧之際，陽光的阿山哥三步併兩步、匆匆忙忙的衝過來抓著我說：「明里，不好了！不好了！出事了！有人自殘受傷了！」

我一聽之下不假思索，三步作二步衝出，直衝到該受傷者的身旁蹲下來，只見他（張＊雄）身上大腿鮮血直流，忙亂中我當機立斷呼叫，即刻請求團體伙伴支援趕快送醫，志工把人直接抬上一輛私有車的後車箱蓋上放平並由眾人護著推車緩慢前行，緊急送往鄰近的台大急診室就醫。

現場新聞記者及電子媒體見此突發事件，哪有放過之理？紛紛以最快的速度及最真實畫面，於午間新聞快報將訊息傳遍全國觀眾面前。

中午過後，行動聯盟緊急召開記者會，說明這是一件獨立的意外事件，純屬個人行為。聯盟表示關心與惋惜並派人到醫院了解傷勢。朝野政黨震驚，相繼表態支持儘速修法。行政院李煥院長除了對自殘事件表示惋惜與遺憾，並承諾以最快速送院會審查法案，籲請立法院最優先排入議程修訂「殘障福利法」。

一九九〇年一月二十四日總統華總（一）義字第〇四二四號令修正公布全文三十一條條文，第三條殘障者範圍第八款顏面傷殘者終於入列。至此，陽光及傷友們經過「八年抗戰」爭取權益，始完成修法納入。

立法院積極審查，過程緊湊一週二次會，幾位程序召集委員楊寶琳、趙少康、吳淑珍等立委力挺速審法案。團體代表們為督促議案會期進展，以及了解委員們審查法條的內容品質，在每一

次的審查委員會，都派員到立法院委員會內旁聽監督，並伺機遊說委員務必出席審案，避免流會。

受邀入院內委員會旁邊掌握第一手資訊。老委員楊寶琳看到我不用化妝的萬聖爺驚訝直言：「你是怎麼傷的啊？怎麼這麼厲害！可惜喔！可惜！」「你這件事，包在我身上，輪到我當召集人，一定排入議程審案。」她說到做到，只是常常突槌表述說「精神障礙者就是失戀而起！」。但是，她也有一句在立法院代老賊投票被抓包的行為名言：「以前可以，為什麼現在不可以！」

這攸關國內上百萬人權益的法案「殘障福利法」，前前後後八周時間快速審完，創下立法院史上最快速度的紀錄。

戲碼一籮筐，充滿血與淚

大聲喊衝啊！在各種抗議活動場子，若沒有人喊衝聲勢，那才真叫冷場子。若沒有準備好大喇叭宣傳車，再加上有好麥克風強力放送出去，那叫（悶燒厝——沒趣味啦）。歷次親臨抗議活動每戰必到，有話不完的花絮趣聞，可謂鮮事一籮筐不少。讓我說幾件給各位聽聽，輕鬆一下無妨。

有一次，我們到國民黨中央黨部抗議，該黨部尚座落於仁愛路五十三號（今之帝寶基地），樓下一樓原為前中廣公司所在地。當天黨部人員早已知悉我們要來踢館，所以早早就把鐵捲門全數拉下，閉關自守以防萬一。等我們整隊到達時，該大門前人行道上，早已完成拒馬布崗陣列，並且站滿一排又一排的警察大人作成人牆以逸待勞。

過去勞工團體來擺過各式各樣陣頭，丟雞蛋、插旗子、大聲放送、行動劇等各別抗議行為，玩過一些有的沒的東西都出現過。今日身障者要來拜會說項，KMT中央黨部當然很公平的嚴陣以待來者。

　　時間一分一秒過去，大家心情愈來愈鼓譟、激動起來，就是等不到高層人士下來接受陳情請願書。大伙左等右等，就是沒有人理睬，等得很不是滋味。與會一群人全部耗在騎樓下，左一陣你鼓譟，右一邊我叫囂，有人高喊衝啊！這下「不把你看在眼裡」的視障朋友就真的往前衝！

　　衝啊！衝！那胖子王站在最前頭還來不及閃開，就一個踉蹌硬是被衝倒在地上，順勢壓垮身旁的警察大人，他雙手的鐵柺杖，則順勢掃到旁邊的人。胖子王可樂了，搶白道：「我不是故意的，是你比較倒楣，被我壓到的啦！」又向警察嗆聲：「啊呀！你見到我被衝倒，怎麼也不願扶我一把？居然還被我壓到、掃到，算你人卡衰！」

　　一九九三年七月一日至一九九六年七月中旬，我擔任殘障聯盟秘書長一職。因工作上的關係，三天兩頭常與團體會員到立法院抗議或請願。工作之餘難免會自我消遣，與官員互相調侃一番。

　　我最喜歡與時任中山二分局警員的方仰寧先生開玩笑，他來職勤務時，總會先過來與我打聲招呼，問今天要來幹啥？多少人來？需要什麼協助？及如何維持現場秩序。他為人親切及和藹可親，不打官腔，以服務弱勢的精神，面對活動上的需求協助。在活動人數多時候，我會請他幫忙管制中山南路由南往北方向的慢車道，預防機車衝撞身障者出意外。

常跟他開玩笑，他總是輕鬆以對。我常跟他說：「他們不會跑，我是跑不掉！如果你要抓一個，我可以送你一打，看你缺多少，或要多少，身障者多得是，你要誰？儘管挑。」

內政部不作為，營建署在裝死！殘障福利法第二十三條規定「五年限期」條款無障礙環境將屆，但政府對於無障礙環境施政毫無積極作為，老神在在不當一回事，也沒有督促中央及地方改善公共場所及建築物。

一九九五年一月二十三日上午，殘障聯盟辦理「一二三叮嚀」無障礙活動。一大早，殘盟團體成員來到徐州路上，並且早與負責業務官員談好活動規劃，但突槌的事發生了！徐姓立委搶頭香來插花「割稻尾」及護航扮演拖延戰術，硬是擠掉黃昆輝部長與我們約定的時間，這下惹火了久候的團體負責人不在話下。

鄭理事長信真頓時氣極敗壞。蘇嘉全立委及幾位民進黨立委前來聲援，卻也不得其門而入。經再三溝通無效後，大伙突破封鎖線往大樓內衝，第一波衝突在走廊間引爆，乒乒乓乓互相推擠成一團，有人被攝影機直接地撞擊到大頭掛彩，有人被踩到腳板，哇哇大叫罵聲四起，這波正面衝突影像，又成為午間的頭條新聞焦點。沒多久後，內政部黃昆輝部長下台一鞠躬。

一九八八年二月六日至十四日，身障團體發起協助失業的愛國獎券業者，辦理「助殘胞過好年，拉一把」活動，義賣春聯及紅包袋，為殘友賺取過年的生活費。短短的十日，總計賣得新台幣貳佰餘萬元，及時分配給殘友，度過一過溫馨的年。

當時行政院郝柏村院長基於「道德因素」，宣布停售發行已久的愛國獎券。政府當局沒有任何配套救濟措施，任令這些街頭作生意的殘友無以為生，大家沒有明天！

　　合縱連橫「殘障聯盟」，老頑童劉姊老謀深算，號召大家發起籌組「殘障聯盟」。申請立案時，卻遭到內政部主管機關無理政治打壓與行政干預，藉詞及拖延遲不核准，官員說：「沒有『團體聯盟』這回事。」，內政部您在怕什麼？

　　遲至一九九〇年六月三十日，「中華民國殘障聯盟」這塊招牌，在張俊雄立委於立法院總質詢與協調下，終於在台中市成立大會暨慶祝酒會，我代表陽光出席，這個深具歷史意義的弱勢團體盛會，本人忝為創盟理事（陽光團體代表），為全國殘友奉獻一己之力。

　　不滿政府漠視殘友的「參政權」，團體擬推劉姊參選立法委員，突顯政府機關違憲之舉。一九八九年底立法委員全面改選，伙伴隨著劉姊南征北討，拜訪各縣市友我的參選人士。

　　有一天下午，我們到新竹市施前市長信忠寓所。他把自己關在一個鐵製「牢籠」內象徵在坐牢，表演「蹲苦牢」造勢與作秀抗議行動。他笑著說：「算你們有智慧，知道要來找我！」接著他說：「你們不用那麼辛苦參選立法委員啦！你們只要三、四百人聯合起來，同時去登記選里長即可，然後大家一起坐輪椅遊街造勢拜票，包準你們新聞不斷！」

　　我在一旁可笑彎了腰，笑到擠出淚水來，心想這傢伙不愧是「選舉販子」，真是有見地，有膽識，擲地有聲！

8　我在社福的日子

　　身心障礙者走出來，就是給社會一個學習的機會。

　　與社會有互動，才有更深入的了解，有積極的對話交流，才有生機與發展。沒有人想當一輩子的蟑螂，永遠躲在陰暗處過生活。

把陽光帶給更多人

　　我在社福的日子是生命中最精彩的時刻，從我進入陽光工作伊始，就有做不完的事，驅使我向前行，有學不完的東西，吸引我再學習，有辦不完的活動，鞭策我去實現，還有認識一群志同道合的人，與我分享喜樂。這些人事物與生活點滴，至今仍讓我無限回味。

　　一九八三年的端午節，我邀集《陽光俱樂部》傷友參加台北市舉辦全國性划龍舟大賽。這是國內第一次有身心障礙朋友參賽，所以意義非凡。但大會基於安全理由，將身心障礙者安排為表演性質，不分入競賽組，殊為遺憾！身心障礙組隊伍分為肢障、聽障及顏損等隊伍。

　　競賽場地就在淡水河七號水門附近河道，一趟龍舟划下來，

大伙被臭汙水濺得全身臭兮兮的，但覺得很有意思。

身心障礙者需要社會參與，文化休閒及育樂活動（身權法第五十二條第一項第一款），帶給身心障礙者一個走出門的機會，也是給社會一個互動學習的機會。社會有互動，才有了解；人民有對話，才有生機。沒有人想當一輩子的蟑螂，永遠躲在陰暗處過生活。

一九八四年間，道德重整協會全時無薪工作者劉仁州先生幫基金會成立「陽光合唱團」。每週一次晚上會員固定聚會活動，安排專題講座與經驗分享，有MRA歌曲練唱與學術活動，以道德重整所標竿的誠實、純潔、仁愛、無私為四大絕對標準，化之於生活上及待人處事裡，至今仍受益良多。在團員厚愛下，我當了三年團長，三不五時帶著陽光團員，四處與友團同學一起表演，交流觀摩，促進社會互相認識。

有一年，機會來了，仁州兄應主辦單位邀請，承接國慶晚會一個單元節目，陽光團員當然也是現場表演者之一。

一九八七年大度路上青少年大玩飆車風，讓我們這些傷殘者深感此風不可長，亦不可取。輕傷者可能來陽光，重傷者可能去伊甸，更嚴重者可能到創世安養也。這股歪風如果繼續擴大，受害者就不只一個人了。

十一月二十九日至十二月十二日，我策劃執行「迎向陽光、騎向世界」單車環島。成員有顏損傷友九人及志工五人，花兩週時間完成一千三百多公里的行程；以行動表示關懷青少年，主動出擊宣導預防嚴重外傷四場座談會，希望飆車族愛惜生命，不要再發生事故，造成終身遺憾，留給家人一生的痛苦。

我去拜會《自由車協會》彭劍勇總幹事洽商辦理單車環島，他熱心的幫我引荐胡榮華、王瀚、黃金華等相助，還陪車隊從台北市騎到基隆郊區，並請郭金仁（亡）、林榮隆、黎煥財等帶隊指導環島行。

　　向《捷安特公司》募得十五輛變速腳踏車，供活動騎乘與事後義賣。當環島車隊走西部海岸線北上，到中部路程行經捷安特公司前，我們特地拜會捷安特劉金標董事長。他與同仁熱情接待，安排參訪公司全自動化自行車製程，讓我們這一群人大開眼界。其親切接納的感覺，即溫馨又溫暖，也感謝在心。

　　人生總在失去後才會珍惜，生命也在過程中調整步伐，看看別人，想想自己，想活得精彩有意義，要活得健康又快樂，端看自己是否有歡喜心與責任心。

　　一九八八年七月十日，我策劃辦理「再見螢橋」活動。於街頭義賣茶葉包募款，為籌募「陽光育幼所」購屋基金，照顧失親的小陽光，作好重建（醫療、就學、生活照顧）服務，及學習適應新生活。這是一個綜合性服務，也是一項嘗試性計畫。

　　陽光育幼所計畫的展開，是因為工作同仁發現部分小陽光家庭資源薄弱。他們在醫療、就學、復健與生活照顧上，需要給予整合性服務與專業人力支持。例如有些家長無力照顧手術後的復健；有時安排的手術期可能與小陽光就學時間衝突，耽誤了學習進度。有了短期安置地方，家庭、個案、專業服務與資源整合，就可以串連起來，讓小陽光的醫療、教育、生活快速恢復。

　　我特地去拜會《天仁茗茶行》負責人，尋求贊助茶葉包十萬包作為義賣品，他們慨然應允贊助。原本預估以一小包茶葉

包十元為計，全部賣出的話，可進帳一百萬元。結果當日短短六個鐘頭，在志工與全體工作人員賣力促銷下，就賣得近一百二十萬元。

義賣茶葉包的點子源自孫越為《伊甸基金會》義賣麥斯威爾咖啡包的模式。我如法採用不同的生活茶品為素材，小單價的義賣品負擔不大，路上行人出得了手，可以增加購買率。

那幾年間，街頭義賣如雨後春筍般流行起來，一些團體也跟著如法炮製，大量招募志工動員起來，真是戲法人人會變，各有巧妙不同。

另外，南投縣埔里鎮曾爺爺也爽朗響應，捐贈一塊近五分的山坡地給陽光，作為建築用地或園藝種植場。幾經探勘評估，礙於水資源取得及鄰近通路用地無法解決處理，於十二年後，歸還其繼承人之孫女。

接著八月十三日起，我隨「大衛魔術」義演去宣導。這三場為台北、彰化、高雄。很遺憾該義演最後所得，並未如經紀公司所言，將所有盈餘利益捐給陽光，僅在記者會宣傳當天捐了二十萬元。

奉勸各團體不要相信這些一次公司的「假公益」行銷，他們慣常以「金蟬脫殼」模式脫身，即活動後，宣布公司解散，撤銷登記，讓你找不到負責人。如此這般以愛心為幌子，遂行撈錢的慣性玩法，說穿了也不值錢。還是作好自己的個案服務，把自己的各項服務成果秀出來，社會上自然會有一群支持的人，才是比較實在的經營方式。

社會上確實有不少有愛心的人，他們以各種方式參與，用不

同的形式來奉獻心力，這就是社會最寶貴的資源，以下就是一個實例。

有一天，歐陽台生打電話來找我，他說他想要為螢橋事件的小陽光，辦一場登玉山活動。又說他在火車上見到傷友很勇敢，他被她所感動，想要邀約陽光朋友一起去戶外走一走。

一九八九年二月一日至四日，在歐陽台生的策劃，與《玉山國家公園管理處》協助下，舉辦「登峰造極玉山行」活動。我邀集了大、中陽光朋友一起登玉山，享受大自然的洗禮。這是一場考驗耐力與毅力的行程，可惜玉山頭積雪皚皚，基於安全因素，一行人在塔塔加鞍部下遙望山峯興嘆。

登山延至四月六日至九日，同一行人二度勇敢出發，大、中陽光再次結伴攀登上玉山主峰，沿路走過八通關，直下東埔稍事休息。這一趟，我們登上了東亞最高峰，在冷風吹拂與低溫氣候下，迎接第一道曙光，讓人讚嘆大自然的美麗，感染玉山山頭的雄偉壯闊。

整個登山過程，即刺激又驚險。讓人見證：有志者，事竟成。這一趟玉山行，我們作到了，也留下美好回憶。

一九九〇年一月十一日，行政院李煥院長率內政部許水德部長、台北市吳伯雄市長等官員蒞臨陽光，少不了要準備接待長官的指導。第一次陽光有院長級官員來訪，李董事長及所有工作人員深受鼓舞，感受到同仁們的努力與付出有代價，並得到政府的肯定讚許。

一月十五日，我與社福團體同道一行數人出國，到香港及澳門考察有關老人與殘障及社區福利服務機構的運作，了解香港行

政特區如何提供資源給民間機構，如何用「公設民營」方式，委託合作經營，提供更完整服務，以及有效應用民間資源。

夢想一步一步的實現，我加緊腳步，希望在年底出國讀書前展開，把手上的夢想計畫落實執行，尤其是「路邊攤的夢想」案。

一九九〇年五月間，我見開設洗車場時機已成熟，即著手企劃「陽光洗車中心」評估報告案給李董事長及董事會，建請創設「陽光洗車中心」，開創傷友投入「庇護職場」，創造就業機會及社會、政府、身障者多贏局面。

創會以來，有五位傷友在台北市中原路路邊洗車（臨時工），工作環境受限，大太陽下非常辛苦，收入也不穩定、生活不易，當時全民健保（一九九五開辦）尚未上路，傷友的醫療手術費與賺錢養家的經濟壓力糾結在一塊，我心疼、不忍心傷友的生活處境，他是我兄弟，豈能視若無睹？

我答應老傷友一起打拚做夢，為爭取工作權奮鬥，向政府公部門要土地發展。基於身障人力合作，我邀心路基金會董事長宗景宜，一起拜會時任台北市議會民政委員會召集人闕市議員河淵（陽光董事），請託他協調台北市政府社會局（白秀雄局長），並向國有財產局爭取國有地租約，擇地新生高架橋下閒置空間地面，作為洗車場用地展業服務。

一九九〇年七月十一日，我出席台北市議會民政審查委員會召開『高架橋下停車場規劃洗車中心』請願協調會議，闕議員河淵及白局長秀雄全力表示支持，願意協助爭取設立事宜，至此一顆忐忑不安的心終於放下。

前仆後繼，董事會改選，接任由方董事長慶榮領導籌備洗車

中心，台北市政府黃大洲市長特准提供建國南路與和平東路間南側高架橋孔下作場地，直到一九九二年十二月二十二日，陽光洗車中心始正式開張營運，獲得政府好評與社會認同支持，展現殘友自食其力的成績，殘福團體與地方政府競相觀摩與學習移植，國外的日本、韓國、香港、中國等國家亦相繼來訪取經。

遊說溝通不放棄，洗車中心地租租金，我認為相當不合理。以土地使用者來看，洗車中心上面有建國高架橋，依土地稅法精神不能將稅賦全數灌在陽光身上，基於共同使用即使用者應共同分攤才合理。

個人因緣際會擔任台北市政府顧問，我當面向阿扁市長陳情，爭取中央國有財產局應降租。歷經兩年的努力，終於看見成果，從每月二十九萬八千餘元，減半為十四萬九千餘元，另視年度公告地價調整計價租金，為陽光每年省下不少租金費用，讓辛苦的員工有更好的福利。

投入社福工作將近十年，我一直埋頭苦幹，樂在其中，希望盡己最大力量，把工作做得更好。我的工作也很穩定，自覺很有成就感，我一向以助人的心情面對工作，把全部的時間投注在工作上，相對的自己也在當中獲得成就感與自我實現的滿足感。

我喜歡這個工作，在於能實現當年「捨我其誰」的使命感與心志夢想，並在過程中有所學習與自我成長，且在有「礙」的社會環境裡改變，幫助一樣受苦難的人一起成長。所謂：「己欲立而立人，己欲達而達人。」

抱病出國充電

社福工作既要動腦力，也要運用體力。論體力消耗，我還能承受與克服；但動腦力發想，就要學習專業知識。有了自我充實的想法與方向，開始預備花時間、精神與金錢學習去單飛國外築夢。

我一直想讀大學，奈何當年國內大學為聯考制，荒廢多年的書本早已忘光光。似我這般中斷情況，哪有能力考得上？所以當時只有出國一途計畫。長期以來工作，沒有好好善待自己，在知識與專業上感覺能量即將乾涸用盡，我只好停歇腳步，再去讀書充實，走穩下一步。

另外，我經常出現緊張及壓力性的胃絞痛現象，似有積勞成疾症候，而絞痛頻率愈來愈高，思量著應該休息的時候。我向李董事長報告想法與讀書計畫，並徵詢俊良兄意見，獲得他們大力支持與鼓勵。

我正式向董事會提出申請案，言簡意賅說明想法，爭取董事會認同，支持我出國去讀書。一九九〇年三月三十一日，陽光董事會第一次臨時會決議通過我申請赴國外獎勵助學金的案子，能夠補助我的學費、食宿生活費、旅費等，條件是結業後須回陽光服務，原職務則予以停職停薪。

一方面準備出國，一方面在家養病。正忙的不可開交時，卻意外發現患有尿道與膀胱結石。整整三個月，我忐忑不安。除了就醫服藥，還試著喝啤酒以利將結石排出。苦惱著我要如何出國？幸好在出國前有將結石排出。

一九九〇年十一月二日下午，我搭機前往美國加州，中午抵達洛杉磯國際機場，住宿ASUZA阿蘇薩市美國家庭，開始接觸美國的生活、文化、教育、人文、飲食、無障礙環境等洗禮與衝擊。

我重新修讀英文課程，從聽、說、讀、寫、文法等基本功開始，並學習適應新環境。為了趕上功課及學習進度，我每天過著戰戰兢兢的日子。文法最讓我頭痛慌亂，經常被老師叮嚀要加強練習。

一九九一年暑假期間我決定離開加州，轉到亞利桑那州道格拉斯（Dogulas）鎮科契士（Cochice）學校繼續修讀語文。轉校的原因是想避開華人地區，讓自己有較多時間說、聽英文。

八個月後，我通過了托福考試，並申請到加州格蘭岱爾社區學院（Glendale Community College）。一九九二年一月開學，我開始修讀社會學課程。但也要持續修讀沒有學分的英文。

很遺憾的，讀不到一個學期，我決定辦理休學。因為身體屢次出現新狀況，來到美國後，竟然患痔瘡發病不歇，每四個月就來一次，每次坐立不寧，就連騎車上下學痔瘡都在痛、出血不斷！

思鄉、思親人等心情壓力未解，胃絞痛現象猶未舒緩，身子與精神負擔交逼，左思右量，如果為了學業文憑而傷害身體健康，我寧願以身體為重，於是決定回國再說。

催生陽光重建中心

正當我忙於準備出國之際，轟然一聲爆炸發生於中部地區工廠。一九九〇年四月十二日中午時分，電視台報導台中鋐光實業

公司地下室餐廳，疑因丙烷外洩爆炸，致六十九位勞工遭受嚴重灼傷。經過搶救救治，最後造成三十五人死亡，三十四人重大燒傷的事件。

職災災害慘重，震驚國內各界。隔日，陽光即召開第一次臨時常務董事會議，決議捐款一百萬元救助，並募款一千萬元，作為投入鈜光救援行動計畫專案，並成立北、中、南救援中心，設立聯絡人。會中並討論如何採取有效、快速、實際的方法關懷不幸的受難者接續的服務。

緊接著於十四日召開記者會，發布成立鈜光救援行動計畫。十八日在台中市全國大飯店召開「鈜光事件社會資源整合協調會」，邀請台灣省勞保局、台中縣政府勞工科、社會科及民間團體共同討論如何整合社會資源。同仁馬不停蹄轉赴中南部各大醫院，訪視關懷慰問傷患與家屬。全力投入救災行動，展現積極人道服務精神。

二十七日李董事長於台大校友會館召開記者會，宣布陽光處理鈜光案捐款發放辦法，及如何發放傷患撫恤金與生活補助金。陽光表示將擇地設立「陽光臨時重建中心」，說明重建計畫實際幫助燒傷者在醫療後，提供專業復健治療，給傷患完善的生理與心理復健。

這是我一個夢，也是切身之痛的大夢，我希望有一處「陽光重建中心」專為燒傷倖存者（Burn Survivors）作重建復健，找回生命力。

獲悉鈜光爆炸案後我心頭沉重，我深層分析燒傷者的需要會是出院後的復健資源，而非醫療費問題，因為職災勞保會全額給

付費用。討論時，董事會認同我的看法與分析意見，全力支持設立「陽光臨時重建中心」。

人道救援投手上場，渾身解數落實願景。我對顏面損傷者復健需要深刻感受，熬夜趕工策劃起草「陽光臨時重建中心」計畫案大綱，闡述重建中心的功能與任務，首要以生理重建為主，提供相關服務為輔。

燒傷者出院後，一定要作好生理重建工作，否則只作了一半的事而已。以當時醫院復建部門為例，沒有專業治療師（PT－物理及OT－職能治療師）為燒傷者作完善的復健治療。以當年醫療重建資源，我是受害者，我是過來人，深以未能在第一時間作對復健為苦。

陽光除心理關懷，應設立重建中心，幫助其生理重建，學習適應新生活，積極重返社會。如今築夢踏實。

有陽光的地方就有愛，有傷友的地方見陽光。我們下鄉借民眾服務社發放撫恤金及生活補助金，實地探訪傷患。一刻不得閒。

陽光第六次董事會決議聘請楊瑞永醫師擔任重建中心籌備主委，積極展開執行籌備相關事宜。直接服務部分持續動員社工及輔導志工，全面展開院訪關懷傷友及家屬支持工作，如台南成大、高雄高醫、大甲大同、彰基醫院、台中榮總、台北榮總、和平、馬偕、空總等燒傷病房訪視。

李董事長指示我負責管控本案宣傳與募款，並督導謝東儒社工主任負責社工服務與家屬關懷支持事務，其他同仁則暫緩原計畫專案，如捐贈土地種蘭花案。為了爆炸案，我們不得不調整人力，全面分頭轉入救援服務。

鉉光事件中，社會部分人士質疑陽光募款動機，一時雜音四起指責。

　　陽光董事會與全體同仁虛心接受社會人士建言，及時回應社會監督，將善款退還給要求退款者，從非營利組織經營管理來看危機處理，正代表著陽光是一個公開、透明與高度責信的基金會。

　　現在，重建中心每日有傷友復健，由專業物理治療師與職能治療師依個案程度狀況給予復健計畫。若個案不積極或怠惰之心，就會被停止服務約束；相對的，對於積極復健有成的傷友則給予表揚鼓勵。傷友在這裡找到了支持的力量，並建立失落的自信心。

　　一般平均六到九個月就能結束復健，障礙程度較重者，平均約一年到一年半左右，就可以回家或進入職場工作。中心提供住宿、交通服務，給遠地來的傷友居住、接送等照料。如此結合社會資源，給予傷友經濟支持、交通補助及生活救助。

　　當時一個感同深受的助人專業夢想念頭興起，發想創辦《陽光重建中心》服務，以專業中的專業自詡服務傷友，如提供製作壓力衣、壓力面模輔具、各式副木輔具等個別化服務，爾今我們一同見證了成果，為同是天涯淪落人找到了安心回家的路，也找到了生命的自尊與生活下去的勇氣。

　　天無私覆，地無私載，陽光無私照。

辛勤耕耘，歡笑收割

「爭取殘障權益，促進殘障福利」是殘障聯盟（二〇一五年更名為身心障礙聯盟）的宗旨。承蒙理監事會全力支持及劉理事長俠厚愛指定，於一九九二年七月一日正式接任秘書長一職，前後任職待了三年期間於一九九六年七月十五日離職，隨即轉往民進黨中央黨部社會運動部接任副主任一職。

為了了解各個障別團體事務，熟悉各個障別團體伙伴，我開始下鄉進行拜會與請益之行，蒐集團體意見以作為規劃會務計畫。

對外尋求捐助、募款與資源投入，對內整合會員團體力量與修法溝通。一九九五年至九六年間，著手研擬三修「殘障福利法」（即之前的身心障礙福利法，今為身心障礙者權益保障法），在全國北、中、南三地，舉辦四場次會員團體修法說明會。同時推動「全民健康保險法」立法（一九九四年通過，九五年實施）；還有完成身心障礙特考（第一次在民國八十五年舉辦），為我國身心障礙同胞開啟一扇就業之門，而且是有終身保障的公務人員考試。顯示政府已開始重視身心障礙同胞的就業問題，並透過正式考試擇優錄取人才，予以任用。

隨內政部「推動建立無障礙生活環境專案小組」委員，到全國直轄縣市，會同各局、處人員實地勘查訪視與座談，了解地方無障礙環境問題。審視內政部營建署毫無誠意，置法律規定事項於不顧，未落實殘福法第二十三條所定建立公共建築物、活動場

所「無障礙環境」業務，頓時激起身障團體一片撻伐之聲，致使眾團體向主管機關抗議，成為全民無障礙環境運動之始，開啟國內無障礙環境空間的發展之路。

個人認為要推廣無障礙環境建設，必須先教育建築營繕工程專業人員，了解行動不便者的問題與需求，才能知道如何規劃設計施工，讓全民認識無障礙環境不是專為身障者而設而已，它也可以共融、通用設計。

在人文方面，完全的接納、支持與尊重身心障礙者人格完整與人權。在硬體方面，幫助兒童、孕婦、老人、行動不便者，及短期行動不便者有行的權利。在公共設施與建築、交通方面要作到貼心的設備，有平面自由空間環境，有斜坡連接平整動線，有垂直運送設施如電梯、昇降平台，一切以人為本，以弱者為考量，自由自在的迎接行動不便者，跨出家門牢籠，參與社會活動，實現無障礙環境精神。

維護無障礙環境是當務之急。一般人覺得無所謂「障礙環境」，但對視障者而言，導盲磚、輪椅族斜坡道若是被機車或汽車堵住，可就無路可走。過去建築師、室內設計師或工業設計師往往以年輕人或強壯者作為設計思考，忽略了弱勢者的需要。如今我們從事補救工作，只要下定決心，願意建構人文的關懷文化，相信我們周遭的生活空間會更美好。

一個人從小到大，身體會變成什麼樣子，無法預知。也許有一天你也必須使用無障礙設施。多了解身心障礙的成因，才能減低對傷殘者的歧視與壓力。一次車禍可以成為輪椅者；一次不慎服藥，可以生出畸形兒；一次發燒，可以變成視障者，或是腦性

癱瘓者。語重心長告訴各位，殘障不可怕，心殘最是殘。

為政策倡議竭盡心力，勞保失能給付項目標準表有頭、臉、頸部項目，而獨漏「身體、皮膚排汗功能喪失者」未給付，個人深感不公與不平。為實現社會保險真諦，我爭取勞工保險「失能給付」項目增列「身體、皮膚排汗功能喪失者」。

一九九八年十月二十二日陽光與簡立委錫堦共同召開「燒死悲哀　燒不死含眼淚」公聽會，針對燒燙傷者在「勞保失能給付項目標準表」，以及商業保險人壽意外險「失能程度與保險金給付表」均未列入給付，深表遺憾。

一九九九年十月八日，勞委會通過增列「身體、皮膚排汗功能喪失者」項目，促使全身遺存肥厚疤痕者勞工在權益上獲得保障，影響深遠廣大。

權益不會從天上掉下來，有好康的制度，如果沒有努力爭取，付諸行動，就沒有實現的可能。要享受權利，就得打拚盡義務。

歡喜作，甘願受，殘福工作是我的志業，是一生中最多彩多姿的生活，它讓我將「最醜的表相」化作「最美的靈魂」，讓脆弱的生命軀殼，在世俗的眼光中發光發亮，不再逃避示弱。

一九九三年十月間，我獲得第三十一屆全國「十大傑出青年」社會服務類，這一屆合計有三位身心障礙者獲選以及倍受肯定，黃美廉得藝術文化類，岑清美得教育體育類，是十傑有紀錄以來最多的一次。

四十歲以前，獲選十傑最為感動，榮譽在身，責任加重，受到主辦單位國際青商會評審團的青睞與肯定，顯示過去所付出的利他精神及作為都是值得的。我獲獎的意義，是代表身心障礙朋

友接受社會的掌聲。

我在電視上看過你，你可以幫我簽名嗎？

幹得好！有你在，身心障礙者有福了。

有你們，台灣的社會福利會進步的，加油！

福利界的急先鋒，急人所急，身障界的先行者，有你真好。

公民參與公共事務，就從居住環境開始。累積多年社會服務工作經驗，加上愛管閒事的個性，與積極參與公共事務的性格催化，公寓大廈（樓）管理事務攸關居家環境與權利，我當然發言據理力爭。

自己的社區自己救，您不理社區，社區會理您。有我參與，就是要好上更好。在區分所有權人大會上，因發言表示意見，莫名其妙的接下主任委員一職，迄今已做過八、九次的主委暨副主委之職，後續還有得玩很久。

建議管理制度，落實社區自治化。既然接下職務，我全力以赴，積極與各委員著手規劃及制定社區規章與管理辦法，嚴格要求建設公司依照法令移交管委會，提撥公共基金與限期完成公共工程修繕事項。

萬事起頭難，心血沒有白費。人是最好的資源，但如何把人動起來是很重要的事。我們辦理活動如郊遊登山，節慶一戶一菜分享餐會，發動住戶認養種植「台灣欒樹」美綠化周邊環境，澈底落實資源回收與環保維護工作，要求住戶遵守「無鐵窗」化外牆景觀，以及提供優質的管理服務工作。

短短三年期間我們獲選為中小型社區公寓大廈管理維護競賽第三名，隔年更進一步被肯定與鼓舞，獲得第一名殊榮。

遠親不如近鄰，近鄰不如對門，這也未必全是。有緣來相聚，有錢能買好宅，但未必能有好鄰居相處。有一天與社區的人聊起來，大家有一個共同期望，就是建構一處綠美化的環境視野，營造一處有品質的居家生活空間，一起分享社區的生活點滴，實現社區人文關懷，創造新「世外桃源」。

　　要怎麼收穫，就得那麼栽。今種什麼花，明得什麼果。

致燒傷者的一封信

　　燒過，知疼痛。走過，知創傷。痛過，悟生命。

　　人生難免遇上一場莫須有的災難以及不可知的明天是否還存在，甚至於接下來的日子是否能永保安康亦未可知天命如何？真遇上了，只有自力救濟，無語問蒼天，怪命運不佳，徒呼時運違和。

　　除此之外，大小災難總是讓人遍體鱗傷與哀號莫名為何會是自己？內心總是無止盡的一再發問、責難、怪罪、否認、抗拒、喊冤、悲憤、擔心、害怕、無助、恐懼等等心理歷程反覆走過無數回合天人交戰，如此心情捉摸不定、起伏翻攪日日時起，夜夜無法安睡，這不可逆的人生唯有親自深刻探觸以及面對身心創傷後才會逐漸消逝退去些許，並且慢慢地內化於被折磨的心中存放在一個角落，等待新生命再起。

　　乙未年，猛如虎，從南到北「氣爆」公安無時起，一椿稍息，一椿又起，非宿命，這無名火從路上、遊樂場所漫天起烽火，這倖存者的煎熬有誰知？家屬誰人憐惜相待？總歸政府失能、失靈所致，無辜人民受害暨受苦欲討真相公道，直問世間公安、工安何時了？

　　反轉困境須要時間，面對災難這事兒沒有一套規律與準則可

以供當事人去比較好與壞、對與錯之舉，唯有自己最清楚學習如何學習往前走，學習如何走好每一步向前行，學習如何調適苦悶的心情，學習如何面對他人的關心，學習如何尋求法律的正義，學習如何答辯法院的庭訊盤問，這些嶄新的課程是當下的功課以及磨練成精的一部分。

您我必須認知、體會、實現「法律是保護懂得法律的人，法律要在個案中實踐正義，個案要在法律中彰顯真理。」

倖存者已夠痛苦、辛苦、無奈、無助，每日要換藥，定期要手術，時時要復健，還要面對人群中注目的眼神與好奇的追問，要因應這些未曾想像的人間悽慘事無數回述說，而且眼下卻沒有人可以越俎代庖釋放內心創傷的壓力事兒，沒有人感同身受這場莫名的災難卻又責難四起加身質問，又部分人士言語揶揄嘲諷、刺激時起，讓人不堪其擾！

再觀之政府、官員、主管機關、業主、肇事者等等面對媒體輿論、司法機關總是避重就輕又互相推諉、撇清關係責任、一副事不關己態度令人髮指，亦讓受害者及家屬屢屢遭受數度的傷害以及不解到底誰該負責任？更是屋漏偏逢連夜雨，雪上加霜如難民四處奔波找尋醫療資源救急，此番際遇任誰也難以招架東奔西跑、身心疲於奔命之勞苦，唯獨仰天長嘯自我療傷，不禁要問法理公義何在？政府功能何在？

「八仙」活生生地摧殘505個家屬及傷透世人的心，15條活生生展翅飛翔的生命瞬間永遠離開人間，國家損失一群年輕少壯的精英學子，怎不教人悲痛萬分，亦無法接受這世間有何公道、天理尚存！

一場遊戲，一場夢！一場派對，一生悲劇！從此遇上折磨。

　　熟不知「前鎮、八仙」是災難的起頭，更不知何時是「氣爆、粉塵爆」的盡頭。天有不測風雲，人有旦夕禍福。生命時時面臨不可預測的災難，有誰能預知大禍將臨頭？有誰願意拿自己寶貴的生命當賭注？前事之師，政府總學不到教訓，等事過境遷，待風頭已過，唯獨傷者暗自泣，人去樓空，唯我無依！

　　復健，手術，再復健，再手術，持續復健，持續手術，護理傷疤，穿戴壓力衣等是當下的常軌秩序與生活重心，絕不可輕言鬆懈與自我放棄，事已至此，木已成舟，一時之間真要能放下亦強人所難，面對困局總要時間來沖淡，繼之學習如何自我療傷止痛。

　　參加團體活動聽取他人分享復健經驗是不可或缺的學習之路，互相鼓舞打氣也是一種有形與無形的力量支持，別忘了完整的家庭支持系統是很重要的，真受不了這般折磨、委屈、苦楚就好好的哭訴一場以釋放沉積的壓力，適度的釋放壓力不代表是軟弱的行為，反而是積極清洗內心角落垃圾場的方式，勇敢踏出一小步，積極回歸社會參與是必經的新生旅程，更是經歷苦難後不可或缺的再造之路。

　　火中歸來，輕傷者，也許個把月就可以回歸生活化。但是，一時三刻間，是無法抹去創傷陰影走上正常化的；易言之，重傷者，或許需要數個年頭的苦戰與復健，方能面對這一場無名火的災難折磨。

　　給自己一個機會，給自己一個重生的承諾，我將再起。給家人一個安心，給家人一個擁抱，給家人一個信心，您會好好的活

下來。

一直與您站在一起，就如當年與好友一起發起創會的使命永續不變。不用懷疑自己的能耐以及勇氣，相信您可以站起來、站出來的。

苦難會過去，用生命寫自己的故事，讓鼓勵您的人驚見歡顏，讓您的人生更加精彩美好，並且發光發亮於世，因為這裡有您、有我。

八仙粉塵爆的倖存者，您準備好了嗎？

如果，生命可以重來，選擇會不一樣；
如果，生命不可以重來，選擇可不一樣；
如果，生命重來，您會如何選擇？
然，我在這裡展現生命的韌性、毅力；
　　遇見生命的脆弱、柔軟；
　　看見人性的掙扎、虛偽；
有道是，悲、歡、離、合、瞋、痴、愚，由它去；
　　心放下、靈放空、無欲則剛。

傷疤何時了？以及惱人的手術、植皮與復健問題，非當事人是無法感受的，唯有身歷其境者才知箇中滋味。

燒傷，灼傷，燙傷，氣爆，粉塵爆，強酸或強鹼侵蝕等因素造成人身傷害不一而足，例如在職場工作上會有工安事件，在生活、休閒活動、社會上有公安事件，在仇恨下惡意攻擊會有灼傷、砍傷事件。

倖存者面對傷疤，個個是五味雜陳，如何調適衝擊是一門大大的功課，要如何收拾雜亂心情，勇敢迎接漫長的醫療計畫，以及按部就班讓復健生活化，每日按表操課做好復健，是毅力的嚴格挑戰，絕不可鬆懈怠慢視之，或怕痛放棄、短期看不到成果就未戰先投降。

皮膚是人體最大的器官，其表面積約為二平方公尺，皮膚具有下列功能；（1）保護、（2）調解體溫、（3）接受感覺、（4）排泄、（5）合成維生素D、（6）免疫、（7）儲存血液等功能。

皮膚受傷了多少會留下局部大小不同程度的疤痕印記，有薄、有厚、有硬、有粗糙、有不同形狀在癒合的傷口上留下印記，並且隨著時間的生成與成熟度轉變不同的顏色，時間一久直到最後會漸次轉換回來如原來之膚色。但是，真要完好如初並且具有彈性是奢望強求的事，這等待變色與處境難如天上摘星、緣木求魚！

受傷者，沒有悲觀的權利及逃避的空間；復健者，要有吃苦當作吃補的勇氣與決志之心。

深呼吸，調整準備好出關的心情，從容赴義為將來「獨立生活」而奮戰預備，要走的路還很長。

與疤痕共舞，身為燒燙傷者，如受傷達二度深層及以上有留下厚薄不一的疤痕者，應有所心理準備與建設做好長期抗戰之事，接納與疤痕為舞及和平共處的念頭不可少，還有絕不要相信江湖術士的舌粲蓮花說它的獨家祖傳秘方藥膏有多好、立竿見影收口，也許當下聽聽就好，不用認真去當白老鼠作為試驗者的角

色測試療效。

　　我的觀察及經驗告訴我，疤痕的薄、厚除了手術植皮消除疤痕之外，目前尚無特效藥可治療去除之，若要在短期內、數年間將顯著的疤痕變不見或消失那是騙人的話語，切記，別浪費金錢又傷心。

　　快快收拾自卑的心情與自憐的念頭，化傷痛為再出發的力量，以冷靜的心迎接意外的人生才是正途，何以如此說？因為您已活下來了，要尋死沒有那麼容易了！何況此舉還會再次傷及家人親友一輩子。

　　靜心下來好好的身體力行復健，並且面對繁複酷刑及煩躁的運動是唯一之道和生活重心，反求諸己、逆向思維，從建立小信心開始，大聲的對自己喊話「我準備好了，我出運了」。

　　傷者即以出世闖關，內心承載著苦難，沒有人能完全體會天人交戰與苦悶相對，或許有些躊躇、膽怯，或許有些許失落、寂寞，或許有心靈默禱、祈福交疊，心中怨懟為何淪落至此茫然若失交錯夾擊！

　　間或有無言以對、欲言又止的凝視動念，間或夾雜著千言萬語的親情鼓舞、溫暖、牽掛、以及歉疚交錯時起，或許得有好友的祝福與叮嚀相隨，或許得尋求宗教的洗滌與常伴駐守以求安心，這般空靈起伏與悲喜轉折、忐忑不安是為新生活中的生命姿態與常態現象。

　　慶幸活著真好，卻又瞬間相望於江湖的無奈、宿命時起！

　　自問何時練功完成的疑惑與找尋答案？您不用期待這會是一場輕鬆的復健作工，換句話說，重建中心擺在眼下的復健用具

會似古今中外歷代王朝整肅異己逼人招供的刑具相待終日，以現代的重建專業術語叫做「物理治療－PT」儀器與「職能治療－OT」器具，還有各式各樣的電子儀器與五花八門的輔具工具侍候，直到評量完成才結案放手回歸大自然。

這冰冷的道具您不用畏懼、害怕，它不會傷您皮肉絲毫分寸，它會陪伴您日以繼夜的進行粗動作與細動作的操作，以及因應個別需求校正變形的局部肢體關節，以回復到正常化並且一再的重複某些違反生理的動作操作；分分秒秒，周而復始，一定要全力以赴，做就對了。

復健姿勢花樣百出就是要您好樣子。為了校正翻轉或變形的手指或垂足部位，必須纏繞彈性繃帶，或套住橡皮筋，或綁繩束縛於客製化的副木復健，運用輔具進行局部拉筋做校正，這一拉或放鬆動作，每一回合大約是十到二十分鐘，才得中斷或中止片刻稍作喘息。

若見局部的血液鼓漲、發紫變色時請不用過度擔心，就短暫鬆開一分鐘讓血液回流片刻即會改善現象，如此復健反覆動作，這違反生理拉力感覺是讓人不舒服的。但是，到最後會練就成麻木無感的情境與一流功力展現，亦將會隨心所欲、如老僧入定自在面對不同壓力。

客製化的壓力衣，頸項圈套，擴張嘴器具，撐開鼻孔管，模型化面具等等將陪伴您壓制疤痕的橫行、增生、抑制萎縮或逐漸消失的器官形狀，尤其是軟骨的部位如耳朵、鼻孔處一定要忍耐做好因應。

如果按表操練用心復健，包您早日解脫依賴他人的日子，

會過著不一樣的自理生活時光；如您怕痛又自我放棄則進出醫院手術的日子將會陪伴您一直吃手術刀子；您不可以任性為之、怠慢、發脾氣；這是您應許的練功之術，功成之後將受用不盡，誰與爭鋒，行俠仗義。

自我診斷與辨識疤痕皮膚變化，受傷後的疤痕皮膚區塊會是明顯的鮮紅色，疤痕膚色會隨著時間歲月而漸入佳境變幻出不同的色澤、細皮、嫩肉、紅通通的色澤、滿佈條紋、吹彈可破的模樣皮相，如嬰兒般的膚質皮膚，並且會隨傷口癒合後開始漸漸呈現出疤痕肥厚、僵硬的程度與角質化，尤其是指甲、指甲溝、手指目（節）、手腕、手肘、腋下、頸部、膝蓋、腳踝、腳趾等等關節處無一倖免。

煩死了！一年內，大小水泡不間斷，耐心相待急不來。

傷口癒合後，疤痕皮膚會不經意的隨處長出小水泡，其大小如巨峰葡萄般顆粒，三兩天就會明顯的漲的鼓鼓的淺灰色濃稠液體，此時最好不要直接去碰觸按摩或擠壓它，以免破裂與細菌感染；如果心癢非動之不可，去之而後快的話，也要小心為妙。記住醫師及護理師教您如何護理的方法處置，一定要用乾淨消毒過的針頭處理及敷藥為之。

水泡即使用消毒乾淨的針頭抽出水液、戳破，後續也會循環再生，這情形好發期間約莫半年到一年期，著實讓人苦惱不已為何如此？傷口不是好了嗎？怎麼會這樣？不時反問自己，怎麼會如此惡作劇！

心情有如世界末日般的掙扎、厭煩、崩潰、尋死，甚至惶惶不可終日，如失了魂魄般，這是正常的心理狀態，傷者不用怕，

親人會擔心。建議到郊外、人煙少，走一走，散散心，社會參與，找人聊聊天。

　　疤痕很容易挫傷、裂傷、刮傷、凍傷、破皮、碎屑、皮質乾燥等。

　　季節性因素，皮膚會癢的不得了，尤其是夏天炎熱汗腺被疤痕覆蓋，無法如正常人排汗散熱，最好在有冷氣或陰涼處休息，萬不得已非外出不可，也盡量少在太陽直射下逗留過久。

　　冬季容易患乾癢得小心，濕冷氣候更難受，皮膚容易龜裂，尤其是指甲溝，疤痕皮膚若無保護會呈現絲網狀線條。洗（泡）熱水澡，可促進血液循環以及微血管增生，加上運動輔助可幫助身體血液循環系統更佳。切忌喝烈酒、吃辛辣食材、蝦子海鮮等刺激敏感性食物，如果不控制慾望或貪嘴率性，則有如災難般下降全身將奇癢無比。

　　白天若閒來無事或晚上睡覺時會下意識的去抓，受不了去摳、欲止癢，用力過大則破皮、血流又成新的傷口，所以「忍功」是必要的。

　　倘若自我控制不佳或「凍未條」的話，為了止癢最好是輕拍癢處，或撫摸皮膚癢處，或自我催眠、冥想、忘我，或把雙手用棉布套牢裹起來，以警示自己不可亂揮舞雙手去強行抓癢，如此可以避免直接接觸皮膚是為上策。但是，這實在是太難為了。放空，哭泣吧！

　　穿戴有如緊箍咒的壓力衣，冬天可保暖身體不受寒，夏天猶如悶燒包烤爐，身處吐魯番盆地般。當疤痕肥厚又攣縮時，一定要每天日日時時穿戴，除了吃喝拉撒、沐浴、清傷口護理之外，

維持穿戴壓力衣做為對抗逐漸增生的疤痕才是不二法門之道。

穿戴壓力衣是很怕熱的，所以夏天躲在冷氣房間是上策。初期疤痕皮膚儘量不要直接照射到陽光，能遮蓋起來最好，以免又二次傷害灼傷又脫皮。

疤痕皮膚很脆弱，冬季遇冷水、風吹、寒冷氣候很容易乾裂及凍傷現象，皮膚會很粗糙，最好是早晚或隨時擦拭保養品滋潤。

確實做好保養疤痕皮膚的功課，可以請醫師開處方藥之外，嘗試擦拭適合個人體質並且油質性較高的保養品，如有名又好用的日本北海道製造的藥性—馬油（個人喜好）；綿羊油；凡士林油；油質乳液、嬰兒油等保濕保養品；嘴唇可用最油質的無色護唇膏隨時滋潤護理。

觀察疤痕皮膚穩定時一定要自我按摩疤痕處，或由專業治療師、陪伴者按壓復健，讓逐漸僵硬的皮層軟化平順，並促進新陳代謝及活化皮膚。

復健生活化，時時都在運動

如何做手腕及手肘的關節運動？

嘗試著做雙手手腕的內旋轉轉體，外旋轉轉體等動作，之後轉化為「8字型」的反轉向運動，一日數十回、百回不停歇。手肘的關節可以往外伸直與往內收回的重複動作，甚至於可以按手臂不同的角度去進行變形的運動。

方法很多，人人會變，將復健生活化，不會錯。

試著提重物加強手部重量訓練，從最輕的開始，如在家裡可以克難的方式提水桶（可任意增減水量）進行，或者使用醫療、物理治療專業用的拉重力機（具有不同重量的法碼）來輔助運動。

　　如何做頸部運動？左一圈，右一圈；向右，向左；向上，向下；一日數十回，百回也不厭倦，感覺脖子的疤痕硬了就要做，想做隨即就做，轉到暈頭轉向，轉到疤痕軟化為止，並且要持續一段時間及自我觀察是否有改善及進步，如不行就要找醫師動手術切除肥厚疤痕。

　　如何學走路、做膝蓋、腳踝、腳趾等運動？

　　學習會走路是第一步，而所跨出的一小步，就如人類跨上月球的一大步一樣有意義。並且表示著從新開始，如同嬰兒學步一樣踉蹌、艱辛，既快不來，也不能跌倒，否則會傷的更加重。

　　爬樓梯是進階課程，所謂上樓梯容易、下樓梯困難，絕不能輕忽大意；初學走路，此時此刻會感受到大腿上下混身血液有如要噴漿爆裂的難受，傷疤有如千萬隻小螞蟻、針刺在大腿上亂竄、扎針皮肉，讓人站立難安，讓人站不住腳，要站穩一秒鐘都是極限，這是為什麼？

　　因為傷後的微血管重新增生分佈致使血液循環不佳，血流停滯不前在雙腳上，又離心臟太遠以及地心引力關係血液循環回流不上來，瞬間形成紫色膚色、腫脹感侵襲環噬！

　　此刻就是立即找個位置安穩坐下來，並試著抬高雙腿，身體齊平姿勢，片刻後壓迫感就會舒緩下來；如此重複體驗就能克服恐懼感與不舒服的心情。還有可以去泡溫泉（可持續維持水溫，溫度可自己調適），可以泡熱水澡（適時補充溫度，但注意燙

傷）以促進血液循環，改善前述不舒適的情勢，這般針刺不舒服感期間會多長，無研究。

慢慢的走，走好每一步；從一公尺走起，走到無盡的路頭；從一分鐘起步，走到忘了時間的距離與內心的牽掛。下定決心，日以繼夜，清晨或黃昏，不分寒暑，春夏秋冬，如您所計畫走路運動；先走平穩路，再走山丘路，走上坡路，走下坡路，去健行、去登山，去游泳，持續訓練體能狀態，待感受到前述各式各樣不舒適的感覺逐漸弱化、消失或症狀不存在時，您就已走出心得，成功了。

這般復健時間要多長，端看個人的努力與毅力及積極或消極的作為而論，自我要求高則很快復原，一般快者三、五個月到半年，短則一、二年，長者二、三年，或者更長也不一定；另外，也要看個人當下的傷勢情況以及癒後的手術計畫情形，才能有比較清晰的評量。

行百里路者，唯有恆者達。

復健；說穿了，就是要您身體力行去做運動，沒有商量緩和的餘地，沒有妥協談判的空間，更沒有鬧脾氣賭氣的問題，做就對了。

勇往直前，重建是一輩子的事

燒傷者留下的疤痕後遺症真不少！

不間斷的復健、運動關節、按摩疤痕、泡溫泉打通微血管等幫助很大，它促進血液循環、回流正常、疤痕柔軟度恢復的更

好，尤其是各部間關節處不致於快速形成拉扯、硬化、彎曲或張合等功能障礙。

　　練就忍痛功夫，我不怕痛，即使在痛也要咬緊牙關度過，想一想以前最苦的日子都已成過去式，這小痛不算什麼。

　　面對傷疤需要長期的友善處理，要耐心的照顧與呵護備至，若要讓肥厚的疤痕看不見、消失用手術植皮未必能完全的改變，這是一項不可能的任務。

　　疤痕是勳章印記，將追隨傷者一輩子，直到生命的盡頭、停止呼吸的那一刻，才會結束一生的牽絆。

　　迄今殘存遺留在身上有形的疤痕，經過四十餘年的變遷、風蝕、磨擦、龜裂、皮屑演變歷程，有了很多的改變與改善。

　　受傷後，又厚又硬的疤痕藉由復健、運動、按摩、泡溫泉等方式漸漸地有柔軟化的趨勢，從原先粗糙的厚繭、凹凸不平的情形轉為比較淺薄平復且具光滑的狀態，摸起來比較有彈力柔軟些許，觸覺比較靈敏，觸感比較溫和，觀察疤痕膚質已不再是硬梆梆的深褐色、豬肝色，少有斷續的脫皮屑、掉皮層情形，膚色貼近未受損的顏色般相似。

　　日常最傷腦筋的是「癢」的問題，有留下疤痕的部位或周邊最容易癢，太乾燥更會受不了，心裡會想要去抓它，會不由自主的去抓或輕拍或磨擦止癢，即使背部用手抓不到，也會就地取材擅用貼近牆角或木板的直角線來回磨擦止癢；再不然就是要擦拭保養護膚的產品，讓情況抑制或控制下來；這般癢，至少十年以上才能緩解。但是，難以斷絕。

　　癢，令人苦惱，甚至於不知所措，這需要靠新興醫療生物科

技的研發幫忙對症下藥以改善疤痕止癢的問題。面對傷疤需要長期的友善處理，更要耐心的照顧與相處呵護，至於要讓疤痕看不見、消失不是用手術植皮就能完全改變的，也是不可能的任務。

身上留下的疤痕歷經長年風蝕、磨合、自然有所改變與改善。如何保養疤痕皮膚，照顧疤痕皮膚是很重要的生活大事。

「臭頭多藥」一點也沒錯，我一直隨著季節、氣候、溫差、濕度的演變與疤痕症狀的改變使用保養品。總之這疤痕就像「超級細菌」一樣難搞，有時候必須下重藥而後已！

要能達到自立生活、自理生活的境界需要自己找出方法，一般輕巧的生活技能不是問題（含粗重動作），宛如桌上拿柑，易如反掌折枝，輕而易舉之事。但是，有一些事兒讓人頂頭痛的，如要靠「指甲功能」作用（精細動作）最麻煩，要一一想辦法去克服，如用嘴巴咬破塑膠袋，拉開短而細密的封口，或用剪刀，找方便的輔具工具。

想辦法克服所有的生活難題，嘗試不同的方式改變生活上、工作上、人際上遇到的任何問題，這就是我的人生。

學習如何面對生命的變化是一大功課，態度決定生命的長度、深度與廣度（三度空間），甚至於影響人生品味與生活品質。

要樂觀或悲觀將由你抉擇定奪，要如何放下與去除自卑會考驗著你，要出世或入世的生活將會隨著你心意而轉變，至於是要飛上天堂、遁入地獄就如你所選擇的一樣實現。

面對這些百樣心境與萬千情境，沒有人可以幫你做定性與決定去留，完全要靠你自己的心智與智慧面對。

領悟勸學「尺有所短；寸有所長。」真義；不放棄自己，見

證生命的奇蹟，人生自會有意義。

我的生活很平常化，至於運動方面呢？

運用到手指的運動比較不行，如打網球，因球拍握把比較粗大就無法抓住或握住。打排球，無法用手指「舉球」動作，惟雙手可以做扣球動作。其他如跑步、健行、騎腳踏車、游泳、壘球、羽毛球、桌球、鉛球、籃球、踢足球等沒問題，打保齡球，要運用雙手抱住球的方式來運行滾球的動作。

生活作息有很大的不便？

是的。生活上有很多的改變與不方便，要想盡辦法去改變，或請旁人協助。例如，指甲被燒燬、角質硬化、萎縮，沒有正常的指甲型，很難拿起小硬幣（平面接平面），打開易開罐，翻閱或直取薄紙或小卡片，拉開PE封口的塑膠袋，密封的薄片封口，如養樂多、礦泉水等有封口的瓶罐、CD包裝紙盒。

無法剝蝦子去殼，無法殺魚去鰓，去除軟絲、花枝皮，剝去煮熟的蛋殼，剝開柑橘類的水果皮，拿針線等比較精細性的動作，尤其必須靠「指甲」來作用的大小事，或運用「指尖端」來按鍵的計算機，觸摸式的手機面板、小框框數字鍵介面、抽取手機及數位記憶卡，都是難題。

食指變形彎曲，要探入投幣式的公共電話取回硬幣很困難；停車場的繳費投幣機或取出代幣的小孔口同樣是有障礙。換句話說，一些精細、細微、指尖抓取的動作都有障礙。

剪指甲更是大費周章的功夫，首先要用剪電子器材線的斜口式工具才能剪掉又厚又硬變形的指甲，加上美工刀修飾粗糙面才完成。

怎麼調適？

死馬當活馬醫，先讓自己安靜下來，沉澱情緒、思緒。學習勇敢面對事實，試著接納自己的不一樣。從手術的改善及復健的進步開始建立自信心，自我接納自己，改變心情與轉念冥想。

如何調適心情面對人生的巨變？

大量閱讀書籍並在閱讀中找到自己，品嚐歷史人物的生命歷程與面對危機智慧。頓悟於《紅樓夢》「百年身後事，一副臭皮囊」。學孫臏的啟示─絕境韌性、毅力堅忍、不向命運低頭。

冷靜思考自己下一步能做什麼，如學習專業技能、發掘興趣與培養技術能力、發展專業職能；以破斧沉舟之心，對應鴨蛋扔過山─看破！

當被嘲笑的時候，如何回應？

偶而會見人裝聾作啞，故作安靜、不動聲色自我防衛。端視對方的舉止、態度與行為作不同回應，以及白目程度給予高度震撼教育。對於童言無忌，則包容對方的好奇心，淡化心情以及自我解嘲教育失敗，這個家庭沒有家教，這個國家整體教育出問題。

外在的缺憾似乎已經不是那麼重要了，除此之外，還有其他當時那場意外所造成的後遺症？

淚管偶而會堵塞、長眼屎，日常會不自主的流眼淚；右耳疑似因水（淚水）入侵導致中耳炎，一天二十四小時終日在耳鳴。

人溺己溺情境制約，聽到急駛的救護車、警笛聲呼嘯就容易有心跳加速現象，希望車輛快速奔駛去救人。

因手術關係醫囑要吃冷的流質食物三個月，導致腸胃異常敏感，如食物沒有百分之百的新鮮，不到五分鐘或片刻就會拉肚子

（適合去當食物測試員）。

因頸部間疤痕拉扯變形，導致三、四、五節處「頸椎間位移」壓迫到中樞神經（左手酸麻痛），經過手術放置E字型支架已改善症狀。

左小指截肢，有「幻肢痛」（截肢關係）現象(約十餘年時間消除)；前額頭取皮當作供皮塊，導致頭部前半區有減敏銳度情形，其知覺、感覺比較差，洗頭時常被抓破皮膚還不知，若用手輕輕的敲，還會有叩叩聲的回音。

如何與「生命共舞」？

化危機為轉機。想開一點，嘆自己倒大楣─脖子長瘤─堵到認命；自助，人助，天助；將情愛昇華轉化為助人的工作─移情感恩；藉用「晚清詩人兼思想家龔自珍」的話「己亥雜詩」錄「浩蕩離愁白日斜，吟鞭東指即天涯，落紅不是無情物，化作春泥更護花。」─回饋惜福；感動於聖經：寡婦僅有的二毛錢故事─奉獻價值。

信仰與堅持？

個性上：講道理；遠鄉愿；分是非；正義感；參與公共政策事務，盡公民社會責任。態度上：對自己及家庭負責任；嚴以律己；逆向思考；吃苦當作吃補；第二個生命，積極人生走一回。

價值觀：捨我其誰使命感，當仁不讓義無反顧；人除了自己，還有別人共命；問自己為社會做了什麼。忘我：放空世俗的枷鎖。

心靈上：以出世的精神，做入世的工作。不伎不求，此生做自己。

活在在疤痕印記中找到真實的自己，就是阿里疤疤的今世
人生。

政府為燒燙傷者做了什麼？

工安、公安，灼傷、燒傷、燙傷、強酸／鹼液、氣爆、瓦斯
爆、粉塵爆，臺灣何其多？不說您也許不知道。

一九七四年十二月底，發生在桃園龜山工業區興邦路一家印
刷電路板電子工廠，三氯乙烯化學原料槽機器爆炸，造成三死、
二重傷。

> 一九八三年元月二日台北發生一件溫泉燙傷事故，台北市
> 福林國小二位二年級同學與家人一起到北投地熱谷遊玩，
> 不小心跌入滾燙的溫泉溪水裡，經送醫急救後延至二月十
> 日一位死亡、另一位重傷。

沒多久又發生一件令人震驚的校園災難事件！

> 一九八三年三月三十日下午，台北市螢橋國小三年級某班
> 同學上美勞課時，遭精神異常的男子侵入潑灑強酸，造成
> 十八位同學輕重程度不一的顏面及身體灼傷事故。經緊急
> 送往和平醫院與三總醫院急救後，總算保住性命，但是也
> 造成七位同學在臉上留下疤痕。

一九九〇年四月十二日中午時分，媒體報導台中鈜光實業公司地下室餐廳，疑因丙烷外洩爆炸，致六十九位勞工遭受嚴重灼傷。經過救治，最後造成三十五人死亡，三十四人重大燒傷。

　　一九九七年九月十三日上午，發生在高雄前鎮區鎮興路與鎮洋路口（鎮興橋附近）因現場進行管線切割汰換工程，造成液化石油氣爆事故，致使救援的多名消防員嚴重灼傷，當中二人殉職。附近二十三戶民宅被燒毀或玻璃被震碎，當場造成二人死亡，附近民眾二十多人被氣爆波及，最後共造成十一死、十七人輕重傷。

　　二〇一四年七月三十一日夜間，高雄市前鎮區凱旋路與二聖路口大氣爆，據高雄消防局統計死傷人數：三二一人受傷，三十二人死亡、其中含五名為警義消。

　　二〇一五年六月二十七日新北市八仙樂園粉塵爆（彩色派對活動），因使用粉塵閃燃爆造成受傷五〇五人受傷，迄今（十一月）十五人死亡。

還有尚有傷患仍在掙扎醫療資源的不足而不知轉到那一家燒傷中心的病房（非一般加護病房／床）做最專業的治療，這就是最嚴重的燒傷醫療資源分佈之事，概括集中於北部為多，據統計國內燒傷中心的病床一八七床？

怎堪一次大量的災害衝擊降臨！又急救檢傷機制從八仙來看，已非現場與後送醫院端有能力處理與負荷大場面，亦突顯中央政府官員指揮無策與主責機關衛福部之無能為力。

倖存輕傷者已陸續出院，後續中、重傷者即將視其治療期程痊癒出院，並留下又厚又堅硬的疤痕，且準備開始重建復健事宜，也就是要安排出院計畫，積極的手術暨重建計畫，個別差異的物理治療，職能治療，穿戴壓力衣，壓迫性面模、各式副木輔具，以及心理治療、支持團體等一系列的漫長重建之路，可想而知這莫名的壓力絕非輕鬆之舉。

　　綜觀這工作量，以目前國內僅有的陽光重建中心（北區、南區）二處人力配置絕對是無法負擔的量體，再說燒傷者重建工作是專業中的專業，以現有各醫院復健部門的專業能量、輔具製作技術、設備、每日復健時間及密度、支持團體、治療期程設計等等是做不來的，所以誰該為這些事籌備計畫及因應預備重建事工，如重建中心地點要設在那裡？住宿的地方？交通接送配套，召募專業相關人力及看護配置，營運運作等業務，真是千頭萬緒之工。

　　這些事，政府做了什麼？這等事，政府該做什麼？不言可喻，就是政府平時該做的事，否則人民繳稅，要這個無能政府做什麼！

阿娘

　　有一天
　　曾經　編織美夢
　　您
　　聽信媒妁之言　遵從父母之命
　　出嫁　從夫

日夜農耕　擔起家族生計　孕育子女
獨立拉拔五個小娃長大

三二年華
晴天霹靂頓失依怙　陷落單親家
有道誰憐寡婦女人家
是命　是運　心靜止如水
不離　不棄　守住這個家
節儉　勤勞　只求老少平安
素顏　衣薄　輕食是妳　印記　無華　美味

五二苦
艱辛歲月盼望有情天　眷顧　垂憐
為何命運一再試煉　惡夜小子命危　欲絕
娘心疼道：身上痛　由您自己承受
　　　　　　　內心苦　咱們一起分擔
一生照顧　萬世情緣
母子情　當作伴

七十道
昨　如酒　聽過無數回您逝昔的往日情懷人事
今　如訴　細說千回萬回這人世滄桑情事
憶　是妳　今生最美的事
憾　是妳　緣淺的夫君

九十驚　髮絲蒼白　面紋深
　　　　視茫茫　齒散落　飯菜蔬
　　　　身體衰　步履艱　神經麻
　　　　但　記憶如新　這人事的冷暖　如唱盤
　　　　兒孫　聆聽　陪伴　守護　盼
　　　　五代是妳勳章榮耀

一絲一縷手中線　織心
一針一線尚且縫　惜物
一生一世守候　到百年
永遠　永永遠遠
有您　我的最愛是
阿娘

跋／我的見證與分享

承受苦難者，靜下心來，做就對了，不用懷疑，向前行。

一九八二年的秋冬季節；影星秦漢先生來拜訪我，問我說：「我們想拍您的故事。可以嗎？」但我一口回絕了他。我認為社會接納時機尚未成熟，要真心接納顏面損傷者還有很漫長的日子。

這些年；不少見過我的人，常問我說：「什麼時候可以拜讀您的大作？」我無詞以對。但是，我下定決心，再向自己挑戰。

為什麼要寫這本書？要寫給誰看？要給讀者什麼啟示？

二〇〇四年，我開始著手嘗試寫自己。我重新翻閱過去的手稿資料，赫見這些手稿紙張早已泛黃斑駁。再細讀回想這些陳年往事，心中重新浮現一幕幕不堪回首的昔日生活圖像與落寞之情。

我再三問自己，要見證分享什麼？要傳達什麼信念與核心價值？要帶給「傷友」什麼重建經驗與力量？

二〇一五年六月二十七日新北市八仙樂園發生粉塵爆公安事件，這些倖存受難者接下來要面對傷疤，內心肯定五味雜陳，如何調適衝擊是一門功課，如何收拾雜亂心情，勇敢迎接漫長的挑戰，以及按部就班復健生活化，每日按表操課做好復健，是毅力的挑戰，絕不可鬆懈怠慢，或怕痛就未戰先投降。

受傷者，沒有悲觀的權利及逃避的空間；復健者，要有吃苦

當作吃補的勇氣與決志之心。

面對陽光，陰影就落在您背後。

面對阿里，生命變得更加實在。

這一路走來我飛越困境忘記表相，繼之昂首闊步來去自如，用心面對「被火紋身」的新生命；用半生時光投入陽光專職工作（十八年），自覺生命變得充實並且多彩多姿。

復建時，我在書中找回自己，我從閱讀中獲得治療，並追尋先人的智慧與精神，用於第二生命，且實踐力行於復健功課上。換句話說，我的心理復健就從這裡深入植基、屹立不搖，並獲得啟蒙與堅實的力量。

人生有三個境界：見山是山，見水是水。見山不是山，見水不是水。見山還是山，見水還是水。我走過這三個歷程與體驗。

生命要活的漂亮，也要活的精彩。回首生命過程有貴人相助，也慶幸有貴人照護與扶持。

我的生活態度克勤克儉，堅持人要活的有尊嚴與有品質，凡事能自己來就當自己做，依賴是生命的毒藥。

我愛家，愛老婆，更愛小孩。我喜歡整潔舒適的居家生活與空間，我的生活簡單且自由自在，從不浪費生命於聲色徵逐的夜世界裡冶遊；凡事謹慎不蝕本，一切謀定而後動，這是我的行動準則。

平時愛開玩笑，有說不完的台灣俚語，總讓旁人說我是舊世代的人；他們聽無！三粒芭樂綁作伙；三三八八！孌生孫，愛公（講）笑！我的母語成績，二〇一二年八月通過教育部閩南語語言能力認證考試取得中級合格證書。但是，功力應不止於此。

學習智慧語句，作生命座右銘。弱水三千，我只取一瓢飲。天下之物，莫柔弱於水，而攻之能堅。涓滴細水可穿石，地震海嘯可翻天！繡花枕頭一肚子草包；破船爛銅有三千鐵釘。台語：整桶水不響；半桶水落落叫。

二〇〇六年十月出版傳記，我完成自己的故事與心願，並將本書獻給媽媽、家人、妻子與小孩，還有親愛的朋友們。我做到了，也見證分享生命的所有可能，希望帶給您一些「改變」的力量。

二〇〇七年一月三十一日自請退休（投保年資30年加年齡50足歲具備退休資格條件）離開《陽光基金會》工作。但是，倡議能量不滅、退而不休，即轉換職場投入《台北市社會福利聯盟》、《伊甸社會福利事業基金會》等繼續服務不敢懈怠停工。

二〇〇九年因緣聚會任職《台北市行無礙資源推廣協會》奉獻心力，倡議友善生活環境，為行動不便的輪椅族服務，推廣無障礙旅遊（體驗遊）、輪椅輔具租借、勘查無障礙環境、專案研究計畫等，服務需要的人社會參與，充實生活品質，走向戶外享受休閒娛樂活動，以及傳承倡議工作經驗培植人力，希望有更多人參與爭取人權，自我實現築夢踏實。

二〇一五年活了一甲子，感謝家人（淑女、鵬仲、筱雯）及邀請辦公室同仁（朝富、鯉綺、雅雯、小胖、宜蓉）一起在保安宮附近小吃店聚餐，在同仁LIVE SHOW下同歡分享生活點滴，走過六十年有苦有樂、有汗水、有淚水相伴，有親情、愛情的酸甜苦辣時光。

二〇一六年　阿里改寫

陳明里紀事

年代	紀事
1955.08	出生屏東縣高樹鄉鹽樹村，農家子弟，二個哥哥及二個姊姊
1957／夏	父親不幸過世
1961.09~1967.07	屏東縣高樹鄉田子國校就讀與畢業
1967.09~1970.06	屏東縣高樹鄉高樹國中就讀與畢業
1970.09~1973.06	省（國）立潮州高中就讀與畢業
1973.10.31	進入電子公司擔任PCB印刷電路版蝕刻組作業員
1974.12.31.下午 16.40~2007	三氯乙烯槽（自動剝離機爆炸）職業災害，三人死亡、二人嚴重燒傷、全身38%、3°燒傷、經三年積極治療及漫長復健，前後歷26次手術紀錄，植皮部位──大小腿、眼瞼、頸部、復健、鼻樑、上唇、手肘、眼部及嘴角等鬆弛硬疤
1976.04.28~1979.04	租屋於紗帽橋三年半時間泡溫泉作復健運動，徜徉山林間釋放身心靈壓力，並於臺大醫院二年住院五次，計手部矯正及植皮手術八次及拉支架復健
1980.01.21~1980.07.05	參加台北市職業訓練中心第一期建築製圖班六個月結訓
1980.10.09	投書聯合報，一位燒傷者的悲情歲月報導，之後，獲得建築師事務所三個月工作期即失業，同時認識沈曉亞、黃小卿等人
1981.02	南下高雄大社與高中同學蔡榮俊長兄下做雜工調適

1981.12.02	認識陳俊良兄及自立晚報記者池宗憲先生電訪，七日自立晚報（二版）刊登自悲感與排斥作用之下「醜陋的臉」後辛酸誰知、陳明里的不幸遭遇令人同情和惋惜，他不敢有奢望但求憑技術謀一技棲
1981.12.18	參與發起『陽光慈善基金會』行動記者會茶會
1982.02.15~1986.04	接任財團法人陽光文教基金會幹事、主任
1985~86	幼獅電台「陽光頻道」節目主持人陳麗如小姐邀約，與她主持每週一次三十分鐘的專輯節目
1986.10~1987.06	任創世社會福利基金會執行秘書，借調半年為高雄市春陽協會籌劃募款購屋基金
1987.07.01	回任財團法人陽光文教基金會主任
1988.05.09~1990.06.30	擔任財團法人陽光社會福利基金會秘書長
1989.04初	殘障聯盟劉俠發起，七十三個身障團體響應，五月二十八日有五十三個團體於台中召開籌組會議，一九九〇年五月十四日內政部同意籌組，六月三十日正式成立，擔任創會理事（陽光代表）
1990.07.11	「陽光孕育下的仙人掌」記者會歡送獎助阿里出國讀書
1990.11.02~1991.12	前往Asuza.CA.讀語文班及Douglas. Arizona.通過托福考試，申請學校就讀
1991	全景紀錄片「人間燈火」系列——追尋陽光的人——陳明里（上、下篇）於無線電視公共頻道時間及台視播出
1990.11.02~1991.12	前往美國加州Asuza修讀語文班及Douglas, Arizona語文班
1992.01~1992.05.18	Glendale Community College, CA, USA. 修讀Social Science肄，因身體不適應乾燥氣候辦理休學回國
1993~1994	慈林文教基金會第一屆社會發展研修班結業
1992.07.01~1993.12.31	擔任財團法人陽光社會福利基金會第九屆陽光俱樂部部長
1992.07.01~1995.07.15	擔任殘障聯盟秘書長

1993.07~1994.03	於「全民電台」製作及主持「殘障之聲」節目
1993~1995	台北市無障礙環境委員會委員
1993~1995	社工專業人員協會聯合發起人、理事
1993~1998	現代社會福利協會聯合發起人、理事
1992~1995	台北縣殘障福利基金專戶委員會委員
1993~1997	宜蘭縣殘障福利基金專戶委員會委員
1993.10.29	獲選第三十一屆十大傑出青年「社會服務類」
1995.03.17	獲選第二屆十大傑出殘障人士
1993~1995	台北市肢體殘障運動協會聯合發起人、常務監事
1995.07.17~1998.02.28	民主進步黨中央黨部社會發展部副主任
1995.01.01~1997.12.31	財團法人陽光社會福利基金會董事
1998.01.01~10.30	財團法人陽光社會福利基金會常務董事
1996~1998	台北市政府顧問、台北市政府無障礙委員會委員
1996.04.25	與陳淑女結婚、育有一男一女
1996.06~12	綠色和平電台『溫柔的對待』節目製作暨主持人
1997	獲選為國立潮州高中傑出校友（61.07）
1997~1998	中華民國道德重整協會常務理事
1998.04~2001.04	台北縣勞工衛生安全委員會委員
1998.08~2002.08；2005.12.20~2006.08.09	內政部身心障礙者保護委員會委員
1998.06.18~2007.01.31	財團法人陽光社會福利基金會職工退休基金管委會委員與副主任委員
1998.03.16~2007.01.31	三度回財團法人陽光社會福利基金會任行政部主任；申請勞保『老年給付』退休
1999.03~2000.04；~2016.04	麗景管理委員會主任委員（第一屆／1999.05.01起2012.04、四屆、五屆、六屆、七屆、九屆等主委、八&十一屆副主委）
2001.06~2003.06	台北市身心障礙者保護委員會委員
2001.09.01~2008.09.01	就讀國立空中大學公共行政學系
2004.08~2005.08	台北市立劍潭國小家長會常務委員
2005	第二屆台北富邦銀行身心障礙才藝獎攝影類競賽組佳作（專注）

2006、2007	2006北二中心學代會代表、總會代表，2007北二學代副會長、總會代表
2006.10.17	阿里疤疤——台灣最醜的男人陳明里的故事著作新書發表
2007.01.27	擔任殘盟「職業災害重建工作對策小組」召集人
2007.02.01~2008.03.18	擔任台北市社會福利聯盟總幹事
2007.04	內政部推薦日本第十一回『系賀一雄紀念賞』（The 11th Annual Kazuo Itoga Memorial Prize）落選
2007.06.21	榮獲第三屆「台灣貢獻獎」
2007.06.24	辦理台灣社會福利總盟成立大會
2007.09.01	華視教育臺「擁抱綻放在山崖邊的花朵」節目錄製『向陽勇者—活著就有希望』
2007.12.01	榮獲第十一屆「身心障礙楷模金鷹獎」
2007.12.21	推動修正「社會救助法」立法院通過
2007.12.24	榮獲96年度臺北市傑出市民獎
2008.09.06	榮獲法鼓山「國際關懷生命獎」
2008.10.06-2009.07.31	財團法人伊甸社會福利基金會高級專員－無障礙事業群籌備專案
2008.08-2015	公民代表《公民監督國會聯盟》評鑑委員－司法及法制委員會召集人
2009.09.01	台北市行無礙資源推廣協會專案經理
2009.09.26	國立空中大學公共行政學系畢業典禮
2012.07.20-2015.06	交通部觀光局推動無障礙旅遊環境第1屆委員
2013.08.29-2014.05	社團法人殘障聯盟理事
2015.03.27-2017.12.31	臺北市政府公民參與委員會委員
2015.03.10-2016.12.31	臺北市政顧問
2015.01-2016.10	文化部身心障礙者文化參與推動小組第2屆委員
2015.01-2016.12	臺北市身心障礙者權益保障推動小組第4屆委員
2015.07.01-2017.06.30	臺北市社會福利委員會委員
2015.07.08	受邀「新聞挖挖哇」節目－談燒傷重建復健歷程
2015.12.27	台灣公民參與協會秘書長

參與研究計畫

年代	紀事
2011.04.27	台北科大計畫主持人：吳可久博士、共同主持人：宋立垚老師「研訂通用化公園規劃設計手冊」焦點團體
2005.07.22	出席行政院勞委會研商建置職業災害勞工重建制度委員會議
2005.08.18	出席行政院勞委會『職業災害勞工保護法修法諮詢會議』
2005.09.29	接受殘障聯盟專案（行政院勞委會委託專案）研議勞工保險局『殘廢給付判定方式變革之必要性研究』訪談及後續焦點團體會議
2003.08	臺北大學研究主持人：孫建忠教授、協同主持人：林昭吟助理教授「老人身心障礙者與老人福利整合規劃之研究」焦點團體

受訪碩士論文

年代	紀事
2011.04	國立臺北大學社會工作學系碩士論文「臺灣倡議型非營利聯盟組織之興起與發展：以殘障聯盟為例」——黃珉蓉、指導教授：孫健忠教授
2007.11	國立中正大學勞工研究所碩士論文「工傷團體影響職業災害勞工保護法立法之研究」高惠敏、指導教授：許繼峰博士
2007.07	國立臺灣大學公共衛生研究院衛生政策與管理研究所碩士論文「勞保制度下職災勞工傷後面臨之困境研究」王嘉琪、指導教授：鄭雅文博士
2004.06	南華大學生死學系碩士論文「中途顏面燒傷患者之生命轉化歷程」三位傷友的故事——林金梅、指導教授：蔡昌雄博士

語言認證證書

年代	紀事
2012.8.18	教育部閩南語語言能力認證考試合格證書中級

專案職務

年代	紀事
2008.07-19-11-21	殘障聯盟「身心障礙者公民權利論壇」引言人跑遍全國22縣市／場次
2006-2008	殘障聯盟「職業災害勞工重建對策工作小組」召集人
2008起	文向教育基金會生命教育講師
2009-2010	殘障聯盟「友善社區　厝邊好鄰居」計畫委員暨講師
2015.04起	擔任國家文官學院講師

參訪與旅遊事項

年代	紀事
1988/09/22~28	韓國奧運期間與道德重整協會會員參加世界道德重整大會
1990/01/15~22	與國內教會社福團體工作者至香港考察社會福利服務
1992/07/13~17	與社聯會員前往香港考察社區福利服務與公設民營案事務
1992/11/12~17	與伊甸基金會董事長劉姊等一行受邀於香港傷健協會二十週年慶，進行傷健交流（中，台，澳，港）活動觀摩復康服務與傷健一家
1993/08/08~21	與中國人權協會理事長柴松林教授及學者等一行十餘人前往中國北京、濟南、上海等實地考察社福、環保、司法等人權狀況

1993/10/05~09	與第三十一屆十大傑出青年得獎者及青商會人員前往中國北京入住中國大飯店,遊覽八達嶺長城,故宮,拜會海協會唐樹備副會長,國務院台辦王兆國主任,出席十傑頒獎典禮及聯歡(中央電視台),與傑青座談會
1994/10/01~22	前往美國內布拉斯加州及芝加哥市參觀考察身心障礙福利服務庇護職場事務
1996/04/27~05/03	蜜月旅行於新加坡,馬來西亞吉隆坡,蘭卡威等地
1998/02/21~28	一家三人前往泰國旅遊曼谷及巴達亞小島
2001/04/04~06	搭麗晶遊輪遊基隆、花蓮公海行
2004.10.13~16	陳明里主任領隊(傷友經驗分享、代表陽光與其他機構洽談未來交流合做事宜)、林韻茹治療師(燒傷復健服務經驗分享及蒐集燒傷服務資訊)、莊麗真督導(燒傷全方位服務經驗分享、蒐集最新燒傷服務及倡議趨勢資訊)、張春惠社工員(燒傷社會工作服務經驗分享)與會參加2004年(第十六屆)美國世界燒傷大會(World Burn Congress)於美國北卡羅萊那州教堂山市;為台灣做一次漂亮的國民外交活動。
2007.02.21~24	一家四人前往香港旅遊及訪好友吳伯旋一家人
2009.02-06	一家四人前往韓國旅遊
2010.07.22-08.01	一家四人前往澳洲布里斯本旅遊
2012.09.26-30	2012《行無礙》日本東京國際輔具自由行
2014.07.22-25	一家三人日本東京自由行
2014.11.16-20	2014《行無礙》日本大阪、京都之旅
2015.04.26-05.01	2015中國浙江、杭州—臺灣NGO團體暨媒體參訪行

釀文學195　PE0103

 在疤痕印記中找到真實的自己
——陽光基金會發起人陳明里的生命故事

作　　者	陳明里
責任編輯	林千惠
圖文排版	楊家齊
封面設計	楊廣榕

出版策劃	釀出版
製作發行	秀威資訊科技股份有限公司
	114 台北市內湖區瑞光路76巷65號1樓
	電話：+886-2-2796-3638　傳真：+886-2-2796-1377
	服務信箱：service@showwe.com.tw
	http://www.showwe.com.tw
郵政劃撥	19563868　戶名：秀威資訊科技股份有限公司
展售門市	國家書店【松江門市】
	104 台北市中山區松江路209號1樓
	電話：+886-2-2518-0207　傳真：+886-2-2518-0778
網路訂購	秀威網路書店：http://www.bodbooks.com.tw
	國家網路書店：http://www.govbooks.com.tw
法律顧問	毛國樑　律師
總 經 銷	聯合發行股份有限公司
	231新北市新店區寶橋路235巷6弄6號4F
	電話：+886-2-2917-8022　傳真：+886-2-2915-6275

出版日期	2016年3月　BOD一版
定　　價	290元

國家圖書館出版品預行編目

在疤痕印記中找到真實的自己：陽光基金會發起人陳明里的
生命故事 / 陳明里著. -- 一版. -- 臺北市：釀出版,
2016.03
　面；　公分
BOD版
ISBN 978-986-445-090-9(平裝)

1. 陳明里　2. 臺灣傳記

783.3886　　　　　　　　　　　　　　105000748

讀 者 回 函 卡

感謝您購買本書，為提升服務品質，請填妥以下資料，將讀者回函卡直接寄回或傳真本公司，收到您的寶貴意見後，我們會收藏記錄及檢討，謝謝！如您需要了解本公司最新出版書目、購書優惠或企劃活動，歡迎您上網查詢或下載相關資料：http:// www.showwe.com.tw

您購買的書名：_____

出生日期：_____年_____月_____日

學歷：□高中 (含) 以下　　□大專　　□研究所 (含) 以上

職業：□製造業　□金融業　□資訊業　□軍警　□傳播業　□自由業
　　　□服務業　□公務員　□教職　　□學生　□家管　　□其它_____

購書地點：□網路書店　□實體書店　□書展　□郵購　□贈閱　□其他

您從何得知本書的消息？

　　□網路書店　□實體書店　□網路搜尋　□電子報　□書訊　□雜誌

　　□傳播媒體　□親友推薦　□網站推薦　□部落格　□其他_____

您對本書的評價：(請填代號　1.非常滿意　2.滿意　3.尚可　4.再改進)

　　封面設計____　版面編排____　內容____　文／譯筆____　價格____

讀完書後您覺得：

　　□很有收穫　□有收穫　□收穫不多　□沒收穫

對我們的建議：_____

_____

_____

_____

11466
台北市內湖區瑞光路 76 巷 65 號 1 樓

秀威資訊科技股份有限公司　　　收

BOD 數位出版事業部

....

（請沿線對折寄回，謝謝！）

姓　　名：＿＿＿＿＿＿＿＿　年齡：＿＿＿＿　性別：□女　□男

郵遞區號：□□□□□

地　　址：＿＿＿＿＿＿＿＿＿＿＿＿＿＿＿＿＿＿＿＿＿

聯絡電話：(日)＿＿＿＿＿＿＿＿＿　(夜)＿＿＿＿＿＿＿＿＿

E-mail：＿＿＿＿＿＿＿＿＿＿＿＿＿＿＿＿＿＿＿＿＿